essentials

Essentials liefern aktuelles Wissen in konzentrierter Form. Die Essenz dessen, worauf es als „State-of-the-Art" in der gegenwärtigen Fachdiskussion oder in der Praxis ankommt. *Essentials* informieren schnell, unkompliziert und verständlich

- als Einführung in ein aktuelles Thema aus Ihrem Fachgebiet
- als Einstieg in ein für Sie noch unbekanntes Themenfeld
- als Einblick, um zum Thema mitreden zu können

Die Bücher in elektronischer und gedruckter Form bringen das Fachwissen von Springerautor*innen kompakt zur Darstellung. Sie sind besonders für die Nutzung als eBook auf Tablet-PCs, eBook-Readern und Smartphones geeignet. *Essentials* sind Wissensbausteine aus den Wirtschafts-, Sozial- und Geisteswissenschaften, aus Technik und Naturwissenschaften sowie aus Medizin, Psychologie und Gesundheitsberufen. Von renommierten Autor*innen aller Springer-Verlagsmarken.

Anni Dietzke

ME/CFS in den deutschen Medien

Gesundheitsberichterstattung über
eine unsichtbare Krankheit

Anni Dietzke
Berlin, Deutschland

ISSN 2197-6708　　　　　　　ISSN 2197-6716 (electronic)
essentials
ISBN 978-3-658-50565-3　　　ISBN 978-3-658-50566-0 (eBook)
https://doi.org/10.1007/978-3-658-50566-0

Die Deutsche Nationalbibliothek verzeichnet diese Publikation in der Deutschen Nationalbibliografie; detaillierte bibliografische Daten sind im Internet über https://portal.dnb.de abrufbar.

Springer VS ist ein Imprint der eingetragenen Gesellschaft Springer Fachmedien Wiesbaden GmbH und ist ein Teil von Springer Nature.
Die Anschrift der Gesellschaft ist: Abraham-Lincoln-Str. 46, 65189 Wiesbaden, Germany

Was Sie in diesem *essential* finden können

- Einen Überblick über das Krankheitsbild ME/CFS und dessen Außenwahrnehmung
- Eine Einführung in den Gesundheitsjournalismus
- Kriterien der ME/CFS-Onlineberichterstattung
- Eine beispielhafte Medienanalyse
- Eine Handlungsempfehlung mit Tipps für eine qualitätsgerechte Berichterstattung über ME/CFS

Vorwort

Bereits seit Jahren wird die Berichterstattung über ME/CFS von Verbänden und Erkrankten massiv kritisiert. Trotz wiederholter Bemühungen der Leserschaft, den Medien Hilfestellungen zu einer korrekten Berichterstattung zu vermitteln, findet man in Artikeln noch zu oft Formulierungsfehler, die zur Bagatellisierung des Krankheitsbildes führen.

Als ich selbst 2019 mit meiner Recherche über die Krankheit begann, musste ich feststellen, dass sich zu diesem Zeitpunkt nur wenige Journalisten mit der Thematik auseinandersetzten. Wie auch – schließlich ging das öffentliche Interesse nahezu gegen Null. Als am 16.12.2019 mein Portrait über eine ME/CFS-Erkrankte bei einer Berliner Tageszeitung publiziert wurde, klickten innerhalb weniger Stunden über 120.000 Menschen meinen Artikel an. Das Thema war also für die Bevölkerung spannender als erwartet. Doch mit jedem Text, den ich zu ME/CFS veröffentlichte, wuchs die Kritik aus der „Community". Permanent wurden falsche Formulierungen und inkorrekte Begrifflichkeiten beanstandet, woraufhin ich in meiner journalistischen Arbeit an meine Grenzen stieß, da ich es einfach nicht besser wusste. Wie genau benennt man die Krankheit denn nun? Was genau ist das Hauptsymptom? Welche kompetenten Ansprechpartner stehen mir für Interviews überhaupt zur Verfügung? Ich verfolgte über die Jahre hinweg die Berichterstattung meiner Kollegen und schrieb auch selbst weiterhin Artikel zur Thematik. Und immer wieder war sie da: Die Diskussion zu Begrifflichkeiten und der Kampf mit den zuständigen Redakteuren um die passende Überschrift.

Im August 2022 veröffentlichte die Berliner Charité eine Pressemitteilung mit dem Titel „Was steckt hinter ME/CFS?".[1] Darin hieß es, dass die langfristigen Folgen der durch das SARS-Coronavirus Typ 2 ausgelösten Erkrankung COVID-19 nach knapp zweieinhalb Jahren Pandemie nun immer stärker ersichtlich würden. Wie bereits nach der SARS-Pandemie 2002 und 2003 gebe es wieder einen Teil der Erkrankten, der aus Langzeitfolgen heraus das Krankheitsbild ME/CFS entwickelt. Dementsprechend wuchs auch das mediale Interesse an der Thematik – vergleichend zur Berichterstattung über Long Covid oder allgemein zur Pandemie jedoch nur bruchstückhaft und zudem inhaltlich oft mangelhaft. Mangelhaft deshalb, weil vor allem im Gesundheitsjournalismus Kriterien zur sachgemäßen Berichterstattung von äußerster Relevanz sind, die jedoch bei einem noch gering erforschten Krankheitsbild wie ME/CFS oft nicht eingehalten werden.

Das vorliegende Buch soll zum einen den gesellschaftlichen Beitrag leisten, dieser unsichtbaren und stigmatisierten Erkrankung mehr Verständnis und öffentliches Bewusstsein zu verschaffen. Zum anderen liefert es eine Handlungsempfehlung mit konkreten Lösungsvorschlägen, um qualitätsgerechte Beiträge über ME/CFS zu fördern.

Berlin, Deutschland   Anni Dietzke

---

[1] Vgl. Charité – Universitätsmedizin Berlin: Komplikation nach Infektionskrankheiten: Was steckt hinter ME/CFS? Pressemitteilung vom 26.08.2022. https://www.charite.de/service/pressemitteilung/artikel/detail/komplikation_nach_infektionskrankheiten_was_steckt_hinter_mecfs/. Zugriff am 25.10.2025.

Abstract

Dieses Buch bietet einen kompakten und fundierten Überblick darüber, wie die Erkrankung ME/CFS in deutschen Leitmedien dargestellt wird. Es liefert konkrete Impulse für eine ausgewogene und verantwortungsvolle Berichterstattung.

ME/CFS ist eine schwere Erkrankung, die jedoch, nicht zuletzt aufgrund mangelnder medialer Sichtbarkeit oder verzerrter Darstellungen, in der Öffentlichkeit nahezu „unsichtbar" ist.

Das Buch analysiert die Inhalte, Begriffe und Deutungsmuster der Online-Berichterstattung über ME/CFS in Deutschland. Zudem bindet es allgemeingültige Grundsätze des Gesundheitsjournalismus mit ein. Ziel ist es, ein Bewusstsein für journalistische Verantwortung im Umgang mit einer chronischen und schwer greifbaren Krankheit zu schaffen.

Inhaltsverzeichnis

Am Morgen des 19. Januar 2023 reihen sich circa 400 Feldbetten auf der Wiese vor dem Reichstag in Berlin auf. Es ist ein frostiger Wintertag, aber mit strahlend blauem Himmel und Sonnenschein – optimale Bedingungen für eine Demonstration. Doch die Feldbetten sind leer; auf ihnen platziert sind lediglich Fotos. Fotos von Menschen, die seit der Coronapandemie erkrankt sind und noch immer an Long Covid leiden. Aber die klappbaren Betten symbolisieren noch eine weitere Gruppe von Erkrankten: Menschen, die an Myalgischer Enzephalomyelitis/dem Chronischen Fatigue Syndrom, kurz ME/CFS, leiden, und zwar nicht erst seit der Pandemie. Kopf-, Muskel- und Gelenkschmerzen gehören ebenso zu ihrem Alltag wie schwere Schlafstörungen sowie Geräusch-, Licht- und Temperaturempfindlichkeit.

Jede Anstrengung der Muskeln kann zur Symptomverschlechterung und anschließend zu einer Belastungsintoleranz führen, die in unendlicher Erschöpfung mündet. Deshalb ist es an diesem Januartag ein stiller Protest, mit stillen Botschaften, da die Demonstrierenden aufgrund ihres gesundheitlichen Zustandes nicht anwesend sein können. Umso lauter sind am gleichen Abend die politischen Stimmen im Bundestag.

Die Fraktion der CDU/CSU trägt in der Bundestagsdebatte ihren Antrag „ME/CFS-Betroffenen sowie deren Angehörigen helfen" (Deutscher Bundestag 19.01.2023, S. IV) vor. Thematisiert wird unter anderem die Dringlichkeit eines Handlungsbedarfs bezüglich der derzeit noch immens mangelnden Forschungs- und Versorgungsstrukturen für die Erkrankten. Gegen halb sieben wendet sich die Politikerin Linda Heitmann von der Fraktion Bündnis 90/Die Grünen direkt an die ME/CFS-Betroffenen:

© Der/die Autor(en), exklusiv lizenziert an Springer Fachmedien Wiesbaden GmbH, ein Teil von Springer Nature 2026
A. Dietzke, *ME/CFS in den deutschen Medien*, essentials,
https://doi.org/10.1007/978-3-658-50566-0_1

„Gerade jetzt, wo ME/CFS auch als Folge von Covid-Infektionen immer häufiger
auftritt, da werden die Betroffenen endlich sichtbarer. (…) Sie können sich sicher
sein: Nicht nur wir als Berichterstatter:innen für dieses Thema nehmen das wahr, sondern alle in diesem Parlament. (…) Wir hören Sie und wir hören Ihre Anliegen!"[1]

Viele Medien berichten seit dem Mittag über die Protestaktion sowie am Abend
über die Bundestagsdebatte. Zeit Online greift das Zitat von Heitmann auf und ti-
telt am nächsten Morgen: „Long Covid: ‚Wir hören Sie, wir sehen Ihr Anliegen'."[2]
ME/CFS wird zwar im Artikelteaser genannt, jedoch wird in den Überschriften
vermittelt, es handele sich um eine Debatte „nur" für Long Covid-Betroffene. Es
ist eines von vielen Beispielen der Berichterstattung über eine Krankheit, in der die
eigentlichen Patienten unsichtbar bleiben.

---

[1] Deutscher Bundestag: Hilfe für Betroffene des chronischen Erschöpfungssyndroms.
Bundestagsdebatte am 19. Januar 2023. https://www.bundestag.de/dokumente/text-
archiv/2023/kw03-de-me-cfs-927044. Zugriff am 19.01.2023. *[Der Inhalt der Seite wurde
nachträglich verändert]*.

[2] Kohler, S. / Arzt, I. (20.01.2023): Long Covid. „Wir hören Sie, wir sehen Ihr Anliegen".
https://www.zeit.de/gesundheit/2023-01/long-covid-me-cfs-bundestag-protestaktion-feld-
betten. Zugriff am 25.10.2025.

ME/CFS – Myalgische Enzephalomyelitis/Chronisches Fatigue Syndrom

2

Inhaltsverzeichnis

2.1   Definition ME/CFS

ME/CFS – mit diesen fünf Buchstaben kann der Großteil der deutschen Bevölkerung nicht viel anfangen. Obwohl es die korrekte Bezeichnung für eine neuroimmunologische Multisystemerkrankung ist, wird sie oft nur als Erschöpfungssyndrom betitelt. Und da die Myalgische Enzephalomyelitis (ME) Zungenbrecherpotenzial hat, beschreibt man das Krankheitsbild eben einfach lieber als Chronisches Fatigue Syndrom (CFS). Wirft man einen Blick in die medizinische Fachliteratur, lässt sich weiterhin erahnen, woher dieses Herunterbrechen der Krankheitsbezeichnung kommen könnte:

Im Wörterbuch medizinischer Fachbegriffe, herausgegeben vom Dudenverlag, wird man beim Nachschlagen der Krankheit ME/CFS gar nicht fündig. CFS verweist als Abkürzung auf das „chronic fatigue syndrome" (vgl. Duden 2021, S. 192), welches wiederum zum chronischen Müdigkeitssyndrom weiterleitet (vgl. ebd., S. 205). Dieses wird in der aktuellen Auflage von 2021 wie folgt definiert:

© Der/die Autor(en), exklusiv lizenziert an Springer Fachmedien Wiesbaden GmbH, ein Teil von Springer Nature 2026
A. Dietzke, *ME/CFS in den deutschen Medien*, essentials,
https://doi.org/10.1007/978-3-658-50566-0_2

„… durch anhaltendes übermäßiges Schlafbedürfnis, Leistungsschwäche, Kopf- und Muskelschmerzen charakterisiertes Krankheitsbild mit unklarer Ursache, das auf Virusinfektionen oder psychische Ursachen zurückgeführt wird; Abk.: CFS." (ebd.)

Zum Vergleich dient die vorherige Dudenausgabe von 2012:

„… durch anhaltendes übermäßiges Schlafbedürfnis, Leistungsschwäche, Kopf- und Muskelschmerzen charakterisiertes umstrittenes Krankheitsbild, das auf Virusinfektionen oder psychische Ursachen zurückgeführt wird; Abk. CFS." (Duden 2012, S. 200)

Das „umstrittene Krankheitsbild" aus der 9. Auflage wurde in der 10. Auflage ersetzt durch das „Krankheitsbild mit unklarer Ursache". Im führenden deutschen Nachschlagewerk für Mediziner, der Pschyrembel, sucht man in der gedruckten Ausgabe ebenfalls vergebens nach ME/CFS. Getrennt voneinander sind die Begriffe jedoch vorhanden: „ME" leitet, ohne definiert zu werden, als „Abkürzung für myalgische Enzephalomyelitis" direkt zum „Chronisches Fatigue-Syndrom" weiter (vgl. Pschyrembel 2023, S. 1079). Die explizitere Suche nach den vereinzelten Begriffen erklärt Myalgie als einen diffusen oder lokalisierten Muskelschmerz (vgl. ebd., S. 1155) und die Enzephalomyelitis als kombinierte Entzündung von Gehirn und Rückenmark (vgl. ebd., S. 481). „CFS" (vgl. ebd., S. 303) leitet direkt zum Chronischen Fatigue-Syndrom als Synonym für das chronische „Müdigkeitssyndrom" weiter und wird beschrieben mit einer chronischen neuroimmunologischen Systemerkrankung unklarer Ätiologie (vgl. ebd., S. 322). Wenn also sogar in den führenden medizinischen Nachschlagewerken vom Müdigkeitssyndrom oder einem umstrittenen Krankheitsbild die Rede ist, ist es dann nicht schon fast verständlich, dass ME/CFS mit Begriffen wie einem Erschöpfungssyndrom gleichgesetzt wird?

Winkler und Meier sprechen von einem groben Fehlgriff bei der Nutzung solcher Begrifflichkeiten, denn „das verniedlicht, wie schwerwiegend ME/CFS wirklich ist" (Winkler und Meier 2022, S. 15). Das Wort Fatigue lade demnach dazu ein, die Krankheit als simple Erschöpfung fehlzuinterpretieren (vgl. ebd., S. 152).

Fälschlicherweise wird die Fatigue in den Medien fast immer als Leitsymptom benannt. Das Fatigue Centrum der Charité Berlin definiert ME/CFS als eine eigenständige komplexe Erkrankung, die meist nach einem Infekt auftritt. Sie führt durchaus zu schwerer Erschöpfung, die stets mit ausgeprägten körperlichen und kognitiven Symptomen einhergeht.[1] Die Leiterin des Fatigue Centrums, Carmen Scheibenbogen, weist jedoch darauf hin, dass neben der chronischen, über

---

[1] Vgl. https://cfc.charite.de/. Zugriff am 25.10.2025.

mindestens sechs Monate anhaltenden Fatigue vor allem eine ausgeprägte Belastungsintoleranz (PEM = „post-exertional malaise") mit Symptomverschlechterung nach alltäglichen Anstrengungen im Mittelpunkt der klinischen Symptomatik steht (vgl. Renz-Polster und Scheibenbogen 2022, S. 831). Diese Kernsymptomatik der Belastungsintoleranz grenzt ME/CFS gleichzeitig gegen die anderen Erkrankungen mit chronischer Fatigue, wie beispielsweise Krebserkrankungen, ab (vgl. ebd.).

Renz-Polster und Scheibenbogen sprechen außerdem davon, dass die verwendeten und historisch gewachsenen Begriffe zum Teil missverständlich sind. Sowohl CFS als auch ME sind demnach als Begriffe „unscharf" gewählt:

> „So handelt es sich bei ME/CFS nicht um eine klassische Enzephalomyelitis, auch wenn eine Inflammation des zentralen Nervensystems (ZNS) als mögliches pathobiologisches Korrelat diskutiert wird. Zudem ist ein myalgisches, also von Muskelschmerzen geprägtes Bild zwar häufig, aber nicht immer zu beobachten." (Renz-Polster und Scheibenbogen 2022, S. 832)

Auffällig ist weiterhin die Problematik mit der Abkürzung des Krankheitsbildes: Während es bei AIDS, HIV oder HPV schon fast selbstverständlich ist, die Krankheiten nicht beim vollen Namen zu nennen, verhält es sich bei ME/CFS gegenteilig. Oft beschränkt sich hier entweder die Beschreibung auf das Chronische Fatigue Syndrom, oder es wird gar versucht, es in die deutsche Sprache zu übersetzen – wie eben in das chronische Erschöpfungs- oder Müdigkeitssyndrom.

2.2   ME/CFS und Seltene Erkrankungen

ME/CFS wird oft als „Seltene Erkrankung" eingestuft und betitelt. Das Bundesministerium für Gesundheit beschreibt die Versorgungssituation für Betroffene mit einer Seltenen Erkrankung wie folgt:

> „Darüber hinaus gibt es meist nur eine geringe Anzahl von räumlich verteilten Expertinnen und Experten, die Menschen mit der jeweiligen Seltenen Erkrankung versorgen können und die Erkrankung weiter erforschen. Auch sind die Wege zu guten Behandlungs- und Versorgungsmöglichkeiten nicht immer auf Anhieb ersichtlich. Dies kann dazu führen, dass die Betroffenen sich mit ihrer Erkrankung alleine gelassen fühlen und die Diagnose erst deutlich verzögert gestellt wird." (Bundesministerium für Gesundheit (BMG) 2022, Seltene Erkrankungen)

Obwohl es sich hier um eine Definition für Seltene Erkrankungen handelt, trifft diese ebenso auf ME/CFS zu. Es mangelt an Experten, an Behandlungs- und

Versorgungsmöglichkeiten sowie an Verständnis und Wahrnehmung für die Krankheit. Dennoch gibt es einen wichtigen Faktor, der ME/CFS von einer Seltenen Erkrankung abgrenzt: ME/CFS ist alles andere als selten verbreitet.

Doch wann ist selten denn gleich selten? Laut dem Bundesministerium für Gesundheit gilt in der Europäischen Union (EU) eine Erkrankung als selten, wenn nicht mehr als 5 von 10.000 Menschen von ihr betroffen sind. Betrug laut dem Statistischen Bundesamt im Jahr 2022 die amtliche Einwohnerzahl Deutschlands 84,3 Mio. Menschen, trifft eine Seltene Erkrankung in Deutschland somit knapp 42.000 Personen. Die Krankheit Mukoviszidose beispielsweise gilt als selten, da in Deutschland von rund 8000 Erkrankten auszugehen ist. Im Vergleich dazu lag die Zahl der Menschen mit einer HIV-Infektion in Deutschland 2023 bei fast 97.000. HIV ist somit laut der Definition keine Seltene Erkrankung, da sie weit über die Grenze von 42.000 Erkrankten hinausgeht. Die Krankheit Multiple Sklerose (MS) wurde bis zum Beginn der Coronapandemie häufig als Vergleichskomponente für ME/CFS herangezogen, da sich die Patientenzahlen bis 2020 ähnlich einstufen ließen. In Deutschland ging man zu Pandemiezeiten von mehr als 252.000 MS-Erkrankten aus – ein nahezu gleicher Wert, wie er lange für ME/CFS-Erkrankte geschätzt wurde. Laut epidemiologischen Daten aus den Vereinigten Staaten vor der Coronapandemie sei davon auszugehen, dass 0,4 % der Bevölkerung von ME/CFS betroffen sind (Renz-Polster und Scheibenbogen 2022, S. 832). Umgerechnet auf die Bevölkerung Deutschlands mit 84,3 Mio. Menschen kommt man somit auf rund 337.000 ME/CFS-Patienten – wohlgemerkt bereits vor der Coronapandemie. Dieser Wert liegt demnach um das rund achtfache höher als die Einstufung für eine Seltene Erkrankung mit 42.000 Betroffenen. Erhält ME/CFS also die Bezeichnung einer selten vorkommenden Erkrankung, ist das eine fehlerhafte Information an die Öffentlichkeit. Mittlerweile geht man von etwa einer halben Million ME/CFS-Erkrankten in Deutschland aus, wobei die Dunkelziffer als weitaus höher geschätzt wird.

2.3   Parallelen zu Long Covid

Die Coronapandemie im Jahr 2020 machte bereits nach kurzer Zeit deutlich, dass ein Teil der Patienten, die sich von der Viruserkrankung nicht vollständig erholen, auch ME/CFS entwickelt. Doch im Vordergrund der Öffentlichkeit und Medienberichterstattung stand der Begriff „Long Covid". Dieser bezeichnet zum einen ein symptomatisches Covid-19, bei dem die Symptome länger als vier und bis zu zwölf Wochen anhalten können; zum anderen steht Long Covid auch für das Post-Covid-19-Syndrom, was zwölf Wochen nach der Coronainfektion noch immer anhält (vgl. Laquai 2021, S. 30). Renz-Polster und Scheibenbogen wiesen bereits 2022 darauf hin, dass in den kommenden Jahren mit einer Verdopplung der Zahl der von ME/CFS-Betroffenen gerechnet werden müsse, da ein erheblicher Teil der Verläufe des Post-Covid-Syndroms die Diagnosekriterien für ME/CFS erfüllt (vgl. Renz-Polster und Scheibenbogen 2022, S. 830). Zu häufig wurde jedoch ME/CFS automatisch mit Long Covid gleichgestellt.

Nun könnte man meinen, getreu dem Motto *Schlechte Werbung ist besser als gar keine Werbung*, dass es von Vorteil ist, wenn überhaupt über die Krankheit berichtet wird, damit sie in den Fokus der öffentlichen Wahrnehmung gerät. Jedoch birgt eine solch mangelhafte Berichterstattung, in der ME/CFS nur als Randnotiz in Beiträgen über das Post-Covid-Syndrom auftaucht, auch das Risiko, dass sich dies auf die medizinische Versorgung auswirkt. In den sozialen Medien wurde und wird genau das von vielen Patienten bemängelt. Vor allem jene Erkrankte, die bereits vor der Pandemie an ME/CFS litten, würden dabei durch die Versorgungsstrukturen fallen.

2.4 Politische Dimension und Öffentlichkeitswahrnehmung

Patientenorganisationen und Betroffene kritisieren bereits seit Jahren, dass die Belange der ME/CFS-Patienten in der deutschen Gesundheits- und Forschungspolitik kaum zur Kenntnis genommen werden (vgl. Reith 2018, S. 64). Die katastrophale Versorgungssituation zeige, dass Deutschland „Lichtjahre von einer umfassenden, flächendeckenden und an internationalen Standards orientierten medizinischen Versorgung entfernt" (ebd.) ist. Der Verein Fatigatio (Bundesverband ME/CFS) spricht ebenfalls von einer prekären Versorgungslage, da es in Deutschland nur wenige medizinische Anlaufstellen gibt und ME/CFS im Gesundheitswesen und in der Öffentlichkeit weitestgehend unbekannt ist.[2] Die Erkrankten erfahren nach Strienz eine Isolierung im öffentlichen Leben, da ihre Krankheit von Versicherungen, Berufsgenossenschaften und staatlichen Institutionen nicht anerkannt wird (vgl. Strienz 2022, S. 222). Pflege- und Krankenkassen sowie andere Leistungsträger haben ME/CFS nicht in ihrem Katalog und auch in der Ausbildung für angehende Ärzte wird die Symptomatik nicht gelehrt (vgl. Winkler und Meier 2022, S. 11). ME/CFS findet „im Medizinstudium und auch in der Facharztausbildung nicht statt" (ebd., S. 144) und wurde bis zur Coronapandemie 2020/2021

---

[2] Vgl. Fatigatio e.V., Bundesverband ME/CFS: https://www.fatigatio.de/me/cfs. Zugriff am 25.10.2025.

„systematisch und andauernd von der Politik, der Forschung und auch weiten Teilen der Medizin ignoriert oder zumindest vernachlässigt" (ebd., S. 16). Mit der Pandemie gab es aber immerhin einen positiven politischen Anstoß. Im November 2021 veröffentlichte die Bundesregierung den neuen Koalitionsvertrag. Darin hieß es:

> „Als Lehre aus der Pandemie bedarf es eines gestärkten Öffentlichen Gesundheitsdienstes (ÖGD), der im Zusammenspiel zwischen Bund, Ländern und Kommunen sichergestellt wird. (…) Zur weiteren Erforschung und Sicherstellung einer bedarfsgerechten Versorgung rund um die Langzeitfolgen von Covid19 sowie für das chronische Fatigue-Syndrom (ME/CFS) schaffen wir ein deutschlandweites Netzwerk von Kompetenzzentren und interdisziplinären Ambulanzen." (Presse- und Informationsamt der Bundesregierung 2021, S. 83)

Obwohl es ME/CFS bereits Jahrzehnte vor Covid-19 gab, rückte die Krankheit erst in den vergangenen fünf bis sechs Jahren vermehrt in den öffentlichen Diskurs. Nach einem ersten Parlamentarischen Fachgespräch im Bundestag im März 2020, der Erwähnung im Koalitionsvertrag im November 2021 und einer öffentlichen Anhörung im Petitionsausschuss im Februar 2022 fand im Januar 2023 die erste Bundestagsdebatte zu ME/CFS statt. In den sozialen Medien wurden daraufhin unter dem Hashtag *#MECFSimBundestag* etliche Posts veröffentlicht – von Betroffenen, Erkrankten, Politikern, Ärzten. Durch die parallel dazu laufende Protestaktion der Initiative „Nicht Genesen", bei der 400 Feldbetten vor dem Bundestagsgebäude für einen stillen Protest aufgestellt wurden, rückte die Thematik noch weiter in den öffentlichen Fokus.

Gesundheitsjournalismus in Deutschland

3

Inhaltsverzeichnis

3.1 Begriffsdefinition Gesundheitsjournalismus

Von der Gesundheitsseite in der Tageszeitung, über Erklärvideos in den sozialen Medien und Ratgebersendungen im Fernsehen, bis hin zu eigenen Magazinen von Krankenkassen und Apotheken: Die Berichterstattung über Gesundheit und Medizin findet heutzutage auf allen medialen Ausspielkanälen statt. Doch spricht der Mensch über seine gesundheitliche Verfassung, berichtet er wohl in den seltensten Fällen von seinem guten physischen und psychischen Zustand. In erster Linie werden Gebrechen und Befindlichkeiten aufgezählt und die geäußerten Beschwerden, Mängel und Symptome spiegeln alles andere als einen gesunden Körper und Geist wider. Journalismus über Gesundheitsthemen ist somit vor allem Berichterstattung über Krankheiten.

Der Medizin- und Gesundheitsjournalismus spielt eine tragende Rolle für die Information der Bevölkerung über medizinische Forschungsthemen (vgl. Ruhrmann und Guenther 2019, S. 69). In der Forschungsliteratur wird laut Ruhrmann und Guenther häufig kein Unterschied zwischen Medizin- und Gesundheitsjournalismus gemacht; „vielmehr werden beide Typen des Journalismus dem Wissenschaftsjournalismus untergeordnet" (ebd.). Wormer und Karberg beschreiben Wissenschaftsjournalismus als „mindestens so vielfältig, wie es die wissenschaftlichen Disziplinen selbst sind" (Wormer und Karberg 2019, S. 152). Die Berichterstattung über Medizin und Gesundheit landet weltweit regelmäßig auf dem ersten Platz (vgl. ebd.) und auch im Zeitungsbereich gehören Medizin und Gesundheit zu den Top-Themen (vgl. Wormer 2014, S. 197). Weitere Indikatoren für die gestiegene Bedeutung von Gesundheitsthemen in den Medien sind die Einrichtung eigener Gesundheitsressorts und zahlreiche TV-Formate mit diesem Schwerpunkt (vgl. Scherer und Link 2019, S. 152); ebenso wie die prominente Platzierung auf Titelseiten von Tageszeitungen (vgl. Ruhrmann und Guenther 2019, S. 70).

Auch Reineck und Hölig definieren Gesundheitsjournalismus als Schnittfeld von Wissenschafts- und Ratgeberjournalismus. Gesundheitsjournalismus hat demnach „die gesellschaftliche Funktion, gesundheitsrelevante Forschung einem breiten Publikum zugänglich zu machen" (Reineck und Hölig 2013, S. 20). Lilienthal, Reineck und Schnedler betonen, dass der seriöse Gesundheitsjournalismus für das ältere Stammpublikum versucht, ein verlässlicher Ratgeber zu sein (vgl. Lilienthal et al. 2014, S. 4). In einem idealen Verständnis kann Gesundheitsjournalismus „Dienst an der Gesellschaft und Dienstleistung für die Gesellschaft sein, weil Gesundheit und Krankheit Themen sind, die jeden unmittelbar betreffen" (ebd., S. 7). Rossmann, Hastall und Baumann ordnen zudem die Stellung der Gesundheits- und Medizinjournalisten ein. Demnach sehen sich diese Berichterstatter selbst „als Übersetzer und Vermittler zwischen Gesundheitssystem und Bevölkerung und verbinden mit diesem Selbstverständnis einen Anspruch an Glaubwürdigkeit, Kompetenz und Verständlichkeit" (Rossmann et al. 2014, S. 83).

3.2   Medienethik und Pressekodex

1956 wurde der Deutsche Presserat als gemeinsame Vertretung gedruckter Medien gegründet. Er stellt „ethische Richtlinien für die journalistische Praxis auf und inkludiert durch die Beschwerdearbeit auch die Öffentlichkeit als Sanktionsgewalt" (Ammann und Anetzberger 2012, S. 379). Als freiwillige Selbstkontrolleinrichtung der Printmedien beurteilt der Presserat die Beschwerden von Lesern über redaktionelle Veröffentlichungen sowie journalistisches Verhalten anhand des Pressekodex. Die journalistische Berichterstattung im Internet ist miteingeschlossen (vgl. Schicha 2019, S. 281).

Die Ziffer 14 des Pressekodex widmet sich speziell der Medizinberichterstattung. Diese lautet:

„Bei Berichten über medizinische Themen ist eine unangemessen sensationelle Darstellung zu vermeiden, die unbegründete Befürchtungen oder Hoffnungen beim Leser erwecken könnte. Forschungsergebnisse, die sich in einem frühen Stadium befinden, sollten nicht als abgeschlossen oder nahezu abgeschlossen dargestellt werden." (Deutscher Presserat 2019, S. 11)

Laut Wormer liefert der Pressekodex damit zum einen bereits Ansätze für Kriterien zur Qualitätsbewertung. Zum anderen impliziert die Ziffer 14 einen Hinweis darauf, „was in den journalistischen Medien selbst unter Medizinberichterstattung zu verstehen ist: eine primär auf Erkenntnissen aus der Medizinforschung basierende Berichterstattung" (Wormer 2014, S. 195). Vor allem bei dieser Form der Berichterstattung muss darauf geachtet werden, welche Wirkung bei Betroffenen verursacht wird. „Eine unangemessen sensationelle Darstellung von medizinischen Themen kann bei Leserinnen und Lesern Ängste schüren oder Hoffnungen wecken" (Schilling 2014, S. 350). Wecken Journalisten mit ihrer Berichterstattung beispielsweise die Hoffnung auf Heilung, ohne dass sie Gründe und Belege anführen können, riskieren sie im Falle einer Beschwerde eine Rüge vom Presserat (vgl. ebd., S. 353). Ähnlich verhält es sich mit der Berichterstattung über neue Medikamente. Beschränkt sich diese nicht auf sachliche Unterrichtung, sondern beinhaltet Werbung, kommt es ebenfalls zu Kodexverstößen (vgl. ebd., S. 359).

Problematisch bei der Formulierung der Ziffer 14 ist jedoch die Konjunktiv-Form „könnte". Diese assoziiert zwar eine mögliche Folge, die eine unangemessene Darstellung hervorrufen kann, unterliegt letztlich jedoch der persönlichen Interpretation des Berichterstatters. Die Richtlinien des Pressekodex „greifen im Berufsalltag daher oft nur in eingeschränkter Weise" (Pürer 2015, S. 93). Für Schilling dagegen gilt: „Die berufliche Ethik der Journalisten darf nicht nur in ihren Handbüchern, sie muss auch in ihren Köpfen gespeichert sein. Sie muss abgerufen und praktiziert werden." (Schilling 2014, S. 363) Journalisten, die über gesundheitliche Fragen berichten, sind demnach „in besonderem Maße zur wahrhaftigen Unterrichtung der Öffentlichkeit verpflichtet. Leserinnen und Leser müssen den Medien vertrauen können" (ebd., S. 363 f.).

3.3 Herausforderungen der Gesundheitsberichterstattung

Eine fehlerhafte Berichterstattung beginnt im Gesundheitsjournalismus oftmals bereits in der Einordnung von Krankheiten. Sind Krankheitsbilder in der Öffentlichkeit unterrepräsentiert oder wenig erforscht, werden sie des Öfteren von

Journalisten fälschlicherweise als „Seltene Erkrankungen" betitelt. Es wurde bereits gezeigt, dass es von äußerster Relevanz ist zu definieren, wann eine Erkrankung wirklich als selten gilt und zu unterscheiden, wann sie stattdessen als unbekannt oder unerforscht eingestuft werden muss. Die Herausforderungen der Gesundheitsberichterstattung bestehen deshalb vor allem in der Korrektheit von Informationen sowie Genauigkeit von Fakten, Zahlen und wissenschaftlichen Daten.

Wormer führt aus, dass Wissenschaftler ihre Forschung fernab eines öffentlichen Diskurses durchführen können, während Journalisten immer den Fokus auf ihre Adressaten halten müssen: den Leser, Zuschauer oder Zuhörer. Publikumsmedien müssen deshalb „mindestens so interessant, spannend oder unterhaltsam sein, dass sie ihr Publikum in Konkurrenz mit unzähligen anderen Angeboten auch tatsächlich erreichen" (Wormer 2022, S. 44). Dies stellt eines von vielen Problemfeldern für Medienschaffende dar: ausschlaggebend sind Klicks, Zeitungsverkäufe und Einschaltquoten. Aufgrund dieser starken Publikumsorientierung ist die Berichterstattung aus wissenschaftlicher Perspektive nicht immer frei von Ungenauigkeiten und Fehlern. Eine weitere Herausforderung im Gesundheitsjournalismus sind die zwei unterschiedlichen Anspruchsgruppen. „Medizinische Experten verlangen Beiträge, die der Komplexität medizinischer Forschung und Praxis gerecht werden; zugleich erwarten Mediennutzer verständliche Gesundheitstipps für den Alltag." (Reineck und Hölig 2013, S. 19) Das sogenannte „Fachchinesisch" würde das Durchschnittspublikum vermutlich abschrecken. Es ist somit ein Grunddilemma des gesundheitsjournalistischen Alltags, zwischen Komplexität und Verständlichkeit abzuwägen (vgl. ebd.). Zimmermann weist zudem auf „vergiftete" Quellen als ein weiteres Problemfeld hin. Diese gefährden nicht nur die journalistische Berichterstattung über Medizin und Gesundheit, sondern auch Leib und Leben der Patienten (vgl. Zimmermann 2014, S. 331). Fälschung oder Erfindung, Auswertungstricks, Verzerrung durch selektive Beobachtung, Verschweigen von Ergebnissen und Ghostwriting werden als mögliche Fallstricke fehlerhafter Quellen benannt.

Scherr nennt einen weiteren wichtigen Faktor für fehleranfällige Berichterstattung über Gesundheitsthemen: die mangelnde Zeit für Recherchen. Die Lösung dieses Problemfeldes sind meist lebhafte, personalisierte „Einzelfalldarstellungen über Gesundheitsthemen, anstatt diese objektiv in Form von Statistiken zu präsentieren" (Scherr 2014, S. 244). Zudem greifen Journalisten häufig auf einzelne Expertenmeinungen zurück anstatt auf valide Publikationen (vgl. ebd.). Rossmann, Hastall und Baumann benennen weiterhin problematische Darstellungsmuster im

Gesundheitsjournalismus. Demnach kristallisiert sich eine verzerrte, unausgewogene und teils widersprüchliche Berichterstattung heraus. Hinzu kommt „die Über- oder Unterbetonung einzelner Krankheitsbilder bis hin zur Marginalisierung oder Tabuisierung, die Stereotypisierung von Risikopersonen und Betroffenen bis hin zum sogenannten Victim Blaming sowie ein Trend zur Medikalisierung" (Rossmann et al. 2014, S. 86).

3.4 „Dr. Google"

Anfang der 90er-Jahre flutete ein Satz die Fernsehgeräte der Deutschen: *Zu Risiken und Nebenwirkungen fragen Sie Ihren Arzt oder Apotheker.* Während nun aber über dreißig Jahre später das lineare Fernsehen so langsam ausstirbt, lautet das Maß der Dinge heute: Fragen Sie doch einfach bei „Dr. Google" nach. Laut dem Digitalverband Bitkom holen sich 62 % der Internetnutzer in Vorbereitung auf einen Arzttermin Informationen zu ihren Symptomen aus dem Internet oder über eine App ein (vgl. Bitkom 2023). Umso wichtiger sind für den Verbraucher wissenschaftlich korrekte und gleichermaßen ansprechende Onlineinhalte von Massenmedien. Weiland betont jedoch, dass sich der Konsument, der nach Antworten auf seine Fragen sucht, bei seiner Onlinerecherche in die Abhängigkeit des Suchmaschinenbetreibers begibt. „Man ist vorerst dem ausgeliefert, was Google & Co. für den Suchbegriff für passend halten und ausgeben. Selektieren und bewerten muss der Nutzer selbst." (Weiland 2014, S. 389 f.) Der österreichische Arzt und Medizinjournalist Ronny Tekal beschreibt diese Problematik wie folgt:

> „Alleine, wenn wir nur das Wort ‚Leber' googeln, so bekommt jeder User andere Suchergebnisse: Während unsereiner von Hepatitis bis hin zur Zirrhose alles geliefert bekommt, wird ein Benutzer, der sich im Internet sonst eher auf den kulinarischen Seiten aufhält, vor allem ausgewählte Rezepte für geröstete Leber finden." (Tekal 2018, S. 177)

Neben der Problematik des Google-Rankings beinhaltet das Internet zudem einen Konkurrenzfaktor für Massenmedien: Patientenorganisationen publizieren mittlerweile ebenso wie Ärzte und Wissenschaftler ihre Inhalte online und berichten über Forschung und Medizin. Über Blogs oder die sozialen Medien können sie sich an eine breite Öffentlichkeit richten. Internetnutzer könnten „damit die Hoffnung verbinden, dass die Qualität auf diesem Kanal besser ist als in manchen journalistischen Massenmedien" (Wormer und Karberg 2019, S. 210).

3.5   Qualitätssicherung

„Qualität im Journalismus definieren zu wollen gleicht dem Versuch, einen Pudding an die Wand zu nageln." (Ruß-Mohl 1994, S. 94) Der deutsche Medienwissenschaftler Ruß-Mohl betonte bereits vor über dreißig Jahren, dass es den einen Qualitätsmaßstab nicht gibt und somit „auch keine kurze, knappe Antwort auf die Frage, was journalistische Qualität ausmacht" (ebd.). In vielen empirischen Studien wurde seither trotzdem versucht, bestimmte Qualitätskriterien festzumachen. Scherer und Link beispielsweise argumentieren, dass es mithilfe einer Plastiktüte durchaus möglich sei, den Pudding an die Wand zu nageln. „Bezogen auf das Problem journalistischer Qualität bedeutet dies, dass man einen tragfähigen argumentativen Rahmen benötigt, um Qualitätsdimensionen und Indikatoren zu formulieren und zu begründen, sozusagen eine intellektuelle Plastiktüte." (Scherer und Link 2019, S. 150 f.)

Ein Ziel der Qualitätssicherung sollte es sein, keine Darstellungen zu veröffentlichen, die schlecht oder unzureichend recherchiert, fachlich falsch oder irreführend sind (vgl. Weiland 2014, S. 393). Vor allem der gesundheitsbezogenen Berichterstattung sollte eine hohe Aufmerksamkeit entgegengebracht werden, denn „die Ansprüche an Medizinjournalisten sind hoch. Es gilt nicht nur, komplexe biologische oder chemische Zusammenhänge verständlich zu machen" (Wormer und Karberg 2019, S. 156). Indem der Medizinjournalismus die Unabhängigkeit und Kompetenz von Ärzten, Wissenschaftlern und Instituten hinterfragt, trägt er zu einer indirekten Qualitätssicherung bei, argumentieren Wormer und Anhäuser (vgl. Wormer und Anhäuser 2014, S. 36). „Die abschließende Verantwortung für die Qualität eines journalistischen Beitrags liegt bei den Autoren und Redaktionen." (ebd., S. 32) Lilienthal, Reineck und Schnedler benennen sechs Dimensionen als wichtigste Qualitätskriterien für Gesundheitsjournalismus: Vielfalt, Vollständigkeit, Relevanz, Verständlich- und Sachlichkeit sowie Unabhängigkeit. Zusätzlich verweisen sie auf den Pressekodex als allgemeingültiges Kriterium der Qualitätssicherung (vgl. Lilienthal et al. 2014, S. 9 f.).

Zuletzt sei noch die Internetplattform Medien-Doktor vom Lehrstuhl Wissenschaftsjournalismus der TU Dortmund erwähnt. Diese startete 2010 ihr Projekt zur Bewertung der Medizinberichterstattung in Deutschland. Beurteilt wird darauf die Qualität von medizin-, umwelt- und ernährungsjournalistischen Beiträgen in Publikumsmedien sowie von Pressemitteilungen. Als in Deutschland erstes systematisches Qualitätsmonitoring der Medizinberichterstattung hat es sich bei der Entwicklung seines Kriterienrasters an ähnlichen Projekten in Australien, Kanada und den USA orientiert (vgl. Serong et al. 2019, S. 83). Der deutsche Medien-

Doktor ist jedoch „in mehrfacher Hinsicht journalistischer ausgerichtet als seine internationalen Vorbilder" (Wormer und Anhäuser 2014, S. 24). Das Kriterienraster enthält neben zwölf medizinjournalistischen Kriterien auch drei allgemeinjournalistische, die vor allem der Attraktivität und Verständlichkeit der Beiträge für ein breites Publikum dienen.[1] Denn die Qualität von Medienberichten mit Gesundheitsbezug darf „nicht allein nach wissenschaftlich-medizinischen Kriterien bewertet werden" (Anhäuser et al. 2021, S. 12).

---

[1]Vgl. Medien-Doktor – Die Kriterien: https://medien-doktor.de/gesundheit/die-kriterien/. Zugriff am 25.10.2025.

ME/CFS-Berichterstattung in Deutschland

4

Inhaltsverzeichnis

4.1 Mediale Berichterstattung auf verschiedenen Ausspielwegen

Laut der Deutschen Gesellschaft für ME/CFS gehört die Myalgische Enzephalomyelitis/das Chronische Fatigue Syndrom zu den stigmatisiertesten neurologischen Erkrankungen. Verstärkt werde dies durch inhaltliche Missverständnisse in der Berichterstattung.[1] Neben den sprachlichen Herausforderungen zur Begriffsproblematik von ME/CFS fällt vor allem die massive Unterrepräsentanz in den Medien auf, wie ein Schnellcheck auf der Homepage einer Newsseite zeigt: Gibt man in der Suchmaske von Zeit Online „HIV" ein, erscheinen 1798 Treffer (Stand 05.10.2025). Sucht man nach „CFS", erscheinen lediglich 87 Treffer (Stand

---

[1] Deutsche Gesellschaft für ME/CFS e.V.: https://www.mecfs.de/presse/infos-zu-me-cfs/. Zugriff am 25.10.2025.

A. Dietzke, *ME/CFS in den deutschen Medien*, essentials, https://doi.org/10.1007/978-3-658-50566-0_4

05.10.2025). Zum Vergleich: ME/CFS ist seit 1969 von der Weltgesundheits-
organisation, kurz WHO, als Krankheit offiziell anerkannt; von HIV sprach
man hingegen erst im Jahr 1983 öffentlich.

Trotz der verhältnismäßig geringen Anzahl an Artikeln und Beiträgen erwähnte
die Deutsche Gesellschaft für ME/CFS in ihrem Jahresbericht 2022 eine Zunahme
von Medienberichten, die das Krankheitsbild und dessen Versorgungskrise the-
matisieren.[2] Die mediale Aufmerksamkeit zu ME/CFS hat demnach in den vergangenen vier Jahren zugenommen und nicht zuletzt aufgrund der Coronapandemie fand die Krankheit vermehrt in Beiträgen zu Long Covid Erwähnung. Auf-
fallend häufig sind die ausführlichen Berichte jedoch von Einzelschicksalen
geprägt. Filme oder Artikel über Patientenportraits stehen im Vordergrund, während die tagesaktuelle Berichterstattung noch immer kaum vorhanden ist.

Auf den Social Media-Plattformen ist die mediale Aufmerksamkeit weitaus
größer. Auf X (ehemals Twitter), Instagram oder YouTube klären Vereine, Patientenorganisationen und Betroffene über ME/CFS auf. Und auch Ärzte und Wissenschaftlicher nutzen ihre Reichweite im Internet aus, um über Krankheit, Medizin
und Forschung zu berichten. Die sozialen Medien stellen für den Medizinjournalismus somit einen Konkurrenzfaktor dar, da Ärzte und Wissenschaftler ihre
Informationen nicht mehr zwingend per Zeitungsinterview, sondern auch per
eigenem Social Media-Post in die Öffentlichkeit tragen können. Hinzu kommt der
Faktor, dass die Gesellschaft die Informationen in den sozialen Medien kostenfrei
konsumieren kann, während beispielsweise viele Onlineartikel mittlerweile nur
noch kostenpflichtig hinter einer Bezahlschranke aufzurufen sind.

4.2   Berichterstattung zur ME/ CFS-Bundestagsdebatte 2023

Ebenso wie die Berichterstattung war auch der politische Diskurs zu ME/CFS bis
zum Jahr 2020 nur sehr wenig präsent. Mit der neu gewonnenen Aktualität und Relevanz durch die Coronapandemie geriet ME/CFS mehr in den öffentlichen Fokus
und wurde im Januar 2023 erstmalig zum Tagesordnungspunkt einer Bundestagsdebatte. In der 79. Sitzung des Bundestages am 19.01.2023 lautete der Tagesordnungspunkt 17: „Antrag der Fraktion der CDU/CSU: ME/CFS-Betroffenen sowie
deren Angehörigen helfen – Für eine bessere Gesundheits- sowie Therapiever-
sorgung, Aufklärung und Anerkennung. Drucksache 20/4886" (Deutscher Bundes-

---

[2]Vgl. Deutsche Gesellschaft für ME/CFS e.V.: https://www.mecfs.de/jahresrueck-
blick-2022/. Zugriff am 25.10.2025.

tag 19.01.2023, S. IV). Sowohl in der Liveübertragung als auch auf der Homepage des Bundestages wurde dieser Tagesordnungspunkt betitelt mit „Hilfe für Betroffene des chronischen Erschöpfungssyndroms".[3] Eine „Übersetzung" wie sie für ME/CFS typisch und bezeichnend ist.

Ebenso verhielt es sich mit der medialen Berichterstattung zur Bundestagsdebatte, die exemplarisch als herausragendes Beispiel für die Problematik der Namensbezeichnung angesehen werden kann. In den wenigsten Berichten wurde an diesem Tag die volle Bezeichnung ME/CFS gewählt. Die Krankheit wurde, wie so viele Male zuvor, wieder auf die chronische Erschöpfung reduziert – so wie es auch vom Bundestag selbst als Information an die Öffentlichkeit herausgegeben wurde. Schuhmayer formuliert die Bezeichnung des „Chronischen Erschöpfungssyndroms" als „verführerisch" für einen journalistischen Denkbogen: „Arbeit macht müde – viel Arbeit macht sehr müde – zu viel Arbeit macht Erschöpfung – viel Erschöpfung macht krank." (Schuhmayer 2016, S. 32).

Aufgrund der Parallelität der an diesem Tag stattfindenden Demonstration vor dem Bundestagsgebäude wurde zudem in einigen Fällen der Berichterstattung die Thematik vollends auf Long Covid reduziert. Die Tagesschau brachte beispielsweise in ihren 12 Uhr-Nachrichten einen Beitrag zur „Aktion in Berlin – Langzeitfolgen nach Corona-Infektion". Nach umfangreicher Kritik von Verbänden und Betroffenen in den sozialen Medien korrigierte die Tagesschau den Beitrag und sprach sowohl in der 17 Uhr- als auch in der 20 Uhr-Ausgabe von „CFS": „Chronisches Fatigue-Syndrom – Bundestag diskutiert über Unterstützung".[4] Im Beitrag selbst wurde CFS dann auch in diesem Fall mit „Chronisches Erschöpfungssyndrom" übersetzt. Dieses eine von vielen Beispielen spiegelt die Problematik von ME/CFS in Deutschland wider: Die öffentliche Wahrnehmung des Krankheitsbildes wird letztlich davon geprägt, inwieweit die Medien ihrer aufklärerischen Funktion für die Gesellschaft nachkommen. Wird kein vollständiges Abbild des Problems veranschaulicht oder gar eine Reduzierung auf Long Covid vorgenommen, kann für die breite Masse auch nur in diesem Ausmaß ein Verständnis für die Krankheit aufkommen.

---

[3] Deutscher Bundestag: Hilfe für Betroffene des chronischen Erschöpfungssyndroms. Bundestagsdebatte am 19. Januar 2023. https://www.bundestag.de/dokumente/textarchiv/2023/kw03-de-me-cfs-927044. Zugriff am 19.01.2023. *[Der Inhalt der Seite wurde nachträglich verändert].*

[4] Archiv von tagesschau.de: Tagesschau vom 19.01.2023. Nur noch als 20 Uhr-Ausgabe verfügbar: https://www.tagesschau.de/archiv/sendungen?datum=2023-01-19. Ab Minute 7:45. Zugriff am 25.10.2025.

4.3   ME/CFS und Suchmaschinenoptimierung (SEO)

Im März 2023 verzeichnete das Nachrichtenportal bild.de „rund 497,5 Mio. Visits und war damit die meistbesuchte Nachrichtenseite in Deutschland" (IVW 12.04.2023). Neben den Onlineseiten von nachrichtlichen Fernsehprogrammen wie ntv.de oder tagesschau.de sind es vor allem die digitalen Zeitungsangebote, die von den Lesern am häufigsten als Nachrichtenportale in Deutschland genutzt werden. Die Anzahl solcher News-Portale „hat sich in den letzten Jahren stark erhöht: von fünf Online-Angeboten im Jahr 1995 auf fast 700 im Jahr 2019" (ebd.). Drei essenzielle Elemente, die für eine korrekte Onlineberichterstattung über ME/CFS eine wesentliche Relevanz haben, sind zum einen die Nutzung von Schlüsselwörtern und zum anderen die Artikelüberschriften sowie die Bildnutzung.

In vorherigen Kapiteln wurde es bereits erwähnt: Menschen holen sich heute vor allem im Internet Auskunft über Krankheitsbilder und Symptome ein. Suchmaschinen wie Google sind dafür „zum vorherrschenden Werkzeug für die Suche nach Lösungen geworden" (Nielsen und Loranger 2006, S. 34). Onlineredaktionen wissen um diese Tatsache und machen sich diese Herangehensweise der User zunutze. Eine beliebte und einfache Methode, um die Reichweiten und Klickzahlen auf Artikel und Beiträge zu steigern, ist die Suchmaschinenoptimierung. Die Search Engine Optimization, kurz SEO, meint in erster Linie Google-Optimierung, da „Google derzeit das Maß aller Dinge in der Websuche" (Raaf 2022, S. 7) ist. Sowohl im Desktop-Suchmaschinen-Markt als auch in der mobilen Suche ist Google weltweit Marktführer (vgl. NetMarketShare 2022), ebenso auch in Deutschland. Hier führte Google den Markt im Januar 2022 mit rund 83 % bei der Desktop-Suche an – bei der mobilen Suche sogar mit rund 97 % (vgl. ebd.). Journalisten sollten beim Schreiben eines Onlineartikels deshalb immer die Frage im Hinterkopf behalten, „welche Begriffe und Wortkombinationen Menschen in das Suchfeld einer Suchmaschine eintippen" (Raaf 2022, S. 19). Denn diese Suchbegriffe sind der Schlüssel zu den Informationen, nach denen im Internet gesucht wird. „Sie heißen nicht zufällig ‚Schlüsselwörter' oder auf Englisch ‚Keywords' – sie sind die Basis, auf der alle SEO-Maßnahmen aufbauen. Ohne Keywords gibt es keine Suchmaschinenoptimierung." (Heijnk 2021, S. 61).

4.4   Schlüsselbegriff ME/CFS

Damit Onlineartikel zu einer bestimmten Suchanfrage gefunden werden, müssen die Keywords in Titeln und Überschriften sowie im Fließtext platziert werden (vgl. Raaf 2022, S. 19). Doch „nicht in allen Redaktionen sitzt ein SEO-Experte direkt am Newsdesk" (Kaiser 2018, S. 125) und noch seltener ist es vermutlich der Fall, dass ein zuständiger Kollege aus dem Gesundheitsressort den Text veröffentlicht. Es wurde bereits mehrfach auf die Unbekanntheit der Krankheit hingewiesen. Bei Texten zu ME/CFS ist somit die Gefahr allgegenwärtig, dass inhaltlich korrekte Überschriften zum Zeitpunkt der Publikation verändert und/oder Wörter und Begrifflichkeiten ausgetauscht werden, da das Wissen zum Thema nicht bei jedem zuständigen Redakteur vorhanden ist. Aufgrund von verharmlosenden Wortkombinationen wie Müdigkeits- oder Erschöpfungssyndrom wird sich die von der Deutschen Gesellschaft für ME/CFS genannte Stigmatisierung so immer weiter verstärken.

Mit Hilfe von speziellen Keyword-Tools lässt sich prüfen, welche Begriffe die tatsächlich größte Reichweite haben. Diese Programme zeigen, „wie häufig ein Keyword im Monat gesucht wird und welche Wettbewerber jeweils auf der ersten Seite zu finden sind" (Raaf 2022, S. 21). So bietet sich das Tool „Google Trends" an, „um für die eigenen ausgewählten Keywords herauszufinden, inwiefern diese von saisonalem oder regionalem Suchverhalten beeinflusst werden" (Alpar et al. 2015, S. 150). Dort können Keywords „im zeitlichen Verlauf betrachtet und miteinander verglichen werden. Die Suchanfragen werden in Relation zum gesamten Suchaufkommen gesetzt, wobei der Indexwert 100 das höchste Suchinteresse repräsentiert" (ebd.). Eine Schnellanalyse bei Google Trends zeigt die Begriffsproblematik der Krankheit ME/CFS auf: Obwohl Vereine und Mediziner die Formulierung ME/CFS empfehlen, suchten User in Deutschland im Jahr 2022 vor allem nach den Begriffen „CFS" oder „Chronisches Erschöpfungssyndrom". Für Journalisten ist es somit schwer, für die Wortwahl ME/CFS zu plädieren, wenn mehr Menschen im Netz nach einem „Chronischen Erschöpfungssyndrom" suchen. Zudem ist ein direkter Vergleich mit dem Keyword „Long Covid" nützlich, da ME/CFS seit 2021 vermehrt als die schlimmste Form von Long Covid beschrieben wurde. Trotz aller Kritik der Vermischung dieser beiden Krankheitsbilder ist es wichtig, die Schlüsselwörter sinnvoll zu nutzen. Denn obwohl Long Covid erst mit der Coronapandemie Ende 2020 präsent wurde, informieren sich die Nutzer im Internet weitaus mehr über diese Thematik als über ME/CFS. Es bietet sich somit an, in einem Artikel über ME/CFS auch Long Covid zu erwähnen, um den Such-Traffic zu erhöhen.

4.5   Überschriften in ME/CFS-Onlineartikeln

Landet ein Leser auf einer Nachrichtenwebseite, wird er nicht jeden einzelnen Artikel anklicken. Er entscheidet anhand einer Überschrift oder vielleicht anhand des Bildes, ob ihn das Thema interessiert und zum weiteren Lesen animiert. Entscheidend für den Erfolg einer Nachrichtenseite sind somit „häufig die Überschriften und die Teaser-Texte, mit denen für die Artikel geworben wird" (Hoffmann 2016, S. 191). Der Journalistik-Professor Stefan Heijnk spricht den Überschriften vor allem in den ersten Kontaktsekunden eine Hauptrolle zu: „Der Blick eines Nutzers springt beim Scannen im Normalfall schnell von Überschrift zu Überschrift. Zuerst werden meist nur Wörter wahrgenommen – in aller Regel die Wörter in den fett und groß gesetzten Überschriften." (Heijnk 2021, S. 114). Als Leitlinie für das Verfassen von Überschriften gilt somit, dass sie auf Web-Startseiten zuallererst Führungstexte sind und die Aufgabe haben, die Nutzer schnell zum individuell jeweils am interessantesten erscheinenden Thema zu führen (vgl. ebd., S. 115).

Es schließt sich an dieser Stelle erneut die im vorherigen Kapitel erläuterte SEO-Relevanz an. Für die User, die im Internet nach Informationen suchen, überwiegt die nachrichtliche Überschrift. Sie bietet den Vorteil, „dass sie bestimmte Schlagworte aus dem Inhalt aufnimmt" (Reiter 2009, S. 27). Wie der Einblick bei Google Trends gezeigt hat, sollten Keywords wie ME/CFS direkt in die Überschrift integriert werden. „Da Suchmaschinen wie Google auf Überschriften stärker reagieren als auf Fließtext, hat der Artikel größere Chancen, im Internet von Leuten gefunden zu werden, die nach genau diesen Informationen suchen." (ebd.) Wichtig ist zudem die Position des eingesetzten Schlagwortes. „Im westlichen Sprachkulturkreis lesen wir von links nach rechts, für die Nutzer beschleunigt es also das Themen-Scannen, wenn der Schlüsselbegriff möglichst zu Beginn der Überschrift zu sehen ist." (Heijnk 2021, S. 118). Die Begriffe ME/CFS oder CFS sollten somit möglichst linksbündig stehen. Letztlich ist laut Heijnk die Aufnahme eines themenidentifizierenden Stichworts in die Überschrift „schon (fast) alles, was aus SEO-Sicht beim Schlagzeilen-Verfassen zu beachten ist" (ebd., S. 119).

Eine weitere nicht zu unterschätzende Problematik besteht darin, dass die meisten Überschriften unter Zeitdruck entstehen. Oftmals verändert der zuständige Redakteur am Newsdesk beim Publizieren die von den Autoren gewählten Überschriften. „Die Gefahr dieses Verfahrens ist, dass unaufmerksame Redakteure beim Redigieren willkürlich irgendeinen weniger wichtigen oder gar unwichtigen Aspekt aus dem Text herausgreifen und ihn in die Überschrift setzen." (Reiter 2009, S. 112). Sicherheitshalber sollte deshalb nach der Veröffentlichung eines Artikels noch einmal geprüft werden, dass keine verfälschten Begriffe eingesetzt oder Schlüsselwörter entfernt wurden.

Zuletzt sei noch ein Hinweis auf den Pressekodex erwähnt, der eine ebenso relevante Rolle spielt. Denn zu reißerische Überschriften, die nur dazu dienen, Klicks zu generieren, sollten unbedingt unterlassen werden. „Wer mit seinen Überschriften vorm Presserat landet, hat entweder aus Vorsatz gehandelt – oder er hat Mängel bei Auffassungsgabe oder Ausdrucksvermögen gezeigt." (Esslinger und

Schneider 2015, S. 111). Die Recherche von korrekten Begrifflichkeiten ist ebenso maßgeblich wie das Unterlassen von „Panikmache" oder das Vortäuschen falscher Hoffnungen für erkrankte Menschen.

4.6   Titelbilder in ME/CFS-Onlineartikeln

Neben dem Grundgerüst eines Onlineartikels bestehend aus Dachzeile, Überschrift und Teaser (bzw. Vorspann), spielt auch das Titelbild eine große Rolle. Bilder „besitzen ein hohes Wirkungspotenzial, da die visuelle Wahrnehmungsfähigkeit der Sprachentwicklung vorausgeht" (Schicha 2019, S. 121). Zudem ist die Bildauswahl aufgrund der Tatsache, dass Artikel heutzutage vermehrt auch in den sozialen Medien geteilt werden, nicht unerheblich. Heijnk führt aus, dass das richtig ausgewählte Bildmaterial in Onlineartikeln und auf Webseiten in der Scanphase die Nutzerblicke bindet. Bilder lockern demnach „das Seitenlayout auf und schaffen Lesepausen. Sie ergänzen und stützen die schriftsprachliche Information" und tragen „maßgeblich dazu bei, die Verweilzeit zu steigern" (Heijnk 2021, S. 74).

Die Deutsche Gesellschaft für ME/CFS weist auf die falsche Verwendung von Bildmaterial hin: „Die üblichen Stockfotos, die Redaktionen bislang in Datenbanken unter dem Stichwort ME/CFS zur Verfügung gestellt wurden, spiegelten den Leidensdruck der Erkrankten in vielen Fällen nicht wider."[5] Die Darstellung der Krankheit in Print- und Onlinemedien sei demnach zu unrealistisch und die Bilder nicht krankheitsspezifisch. Redaktionen benutzen zudem häufig sogenannte Symbolbilder. Diese werden in der journalistischen Praxis „immer dann eingesetzt, wenn es keine anderen Bilder gibt oder wenn man aus ethischen oder juristischen Gründen keine dokumentierenden Bilder zeigen kann" (Renner 2013, S. 37). Auch hier kommt jedoch die erneute Problematik auf, dass solche Symbolbilder die Krankheit ME/CFS verharmlosen können – oder nur einen Teil der Erkrankten repräsentieren.

---

[5] Deutsche Gesellschaft für ME/CFS e.V.: https://www.mecfs.de/presse/pressefotos/. Zugriff am 25.10.2025.

Inhaltsverzeichnis

5.1 Forschungsvorhaben

Journalistische Gesundheitsberichterstattung kann maßgeblich für medizinische Forschungserfolge und politische Entscheidungen sein. Ebenso kann sie zu einer verbesserten Versorgungslage der Betroffenen führen, wenn sie die Wahrnehmung in der Öffentlichkeit stärkt und den Anstoß für Diskussionen liefert. Im Rahmen einer empirischen Studie für eine Masterarbeit wurde mithilfe einer Medieninhaltsanalyse die Darstellung der Krankheit ME/CFS in den deutschen Onlinemedien untersucht. Um mögliche Fehlerquellen in der Berichterstattung über ME/CFS aufzudecken, ergab sich im Vorfeld die forschungsleitende Frage: Wie wird die Krankheit ME/CFS auf deutschen Nachrichtenwebsites thematisiert und dargestellt? Relevant war dafür sowohl die inhaltliche Analyse von thematisch passenden Artikeln als auch die Häufigkeit der Veröffentlichungen oder Nutzung bestimmter Begrifflichkeiten. Demnach ist die Interpretation der Inhalte ebenso ausschlaggebend wie die Messung wichtiger Eckdaten.

Für die Auswahl der Medien, die für die Untersuchung herangezogen werden sollten, wurden zunächst die statistisch meistbesuchten Nachrichtenwebsites

© Der/die Autor(en), exklusiv lizenziert an Springer Fachmedien
Wiesbaden GmbH, ein Teil von Springer Nature 2026
A. Dietzke, *ME/CFS in den deutschen Medien*, essentials,
https://doi.org/10.1007/978-3-658-50566-0_5

herausgesucht. Laut des Vereins Arbeitsgemeinschaft Onlineforschung, kurz agof, hatte das digitale Angebot von Focus Online im Dezember 2022 eine Reichweite von 25,68 Mio. Unique Usern und führte damit das Ranking der Top-10-Nachrichtenwebsites in Deutschland an (vgl. agof 2023). Innerhalb dieses Rankings fanden sich fünf Medien, die mindestens fünfmal pro Woche auch als Tageszeitung erscheinen. Wie bereits erläutert, sind es vor allem die digitalen Zeitungsangebote, die von den Lesern am häufigsten als Nachrichtenportale in Deutschland genutzt werden. Aus den Top-10 wurden deshalb jene Leitmedien für die Empirie ausgewählt, die auch als regelmäßige Druckausgabe erscheinen, wobei bild.de bereits im Vorfeld aufgrund der Einstufung eines Boulevardmediums ausgeklammert wurde. Bei den drei Medien Focus, Spiegel und Stern, die in ihrer Printversion als regelmäßiges, aber nicht tägliches Magazin erscheinen, wurde bewusst nur ein Nachrichtenportal für die Stichprobe genutzt. Die Auswahl des Analysematerials fiel somit auf folgende Websites: faz.net, spiegel.de, sueddeutsche.de, welt.de und zeit.de.

5.2   Medieninhaltsanalyse

Aus den fünf ausgewählten Websites wurden zunächst mithilfe der Suchfunktion alle Artikel gefiltert, die unter dem Schlagwort „CFS" zu finden waren (Stand 03.03.2023), da dieser Schlüsselbegriff die höchstmögliche Trefferquote abdeckt. Von insgesamt 224 CFS-Treffern aus allen fünf Medien wurden in einem nächsten Schritt jene Beiträge aussortiert, die zwar unter dem Schlagwort CFS gefunden wurden, sich jedoch nicht auf die Krankheit ME/CFS beziehen. Übrig blieben 141 valide Treffer für das Schlagwort CFS. In einem weiteren Schritt wurde der Zeitraum der zu untersuchenden Artikel weiter eingegrenzt. Als Orientierungspunkte wurden zwei für die Öffentlichkeitswahrnehmung von ME/CFS wichtigen gesundheitspolitischen Aktionen genutzt: die öffentliche Anhörung im Petitionsausschuss im Februar 2022 sowie die Bundestagsdebatte zu ME/CFS im Januar 2023. Der Untersuchungszeitraum wurde somit festgelegt auf den 01.02.2022 bis zum 01.03.2023. Daraus ergab sich eine Stichprobe von 67 Beiträgen, die für eine erste Codierung genutzt wurde. Daraufhin wurden sechs Hypothesen (H_1–H_6) gebildet, die vor allem die Kritikpunkte der Patientenorganisationen aufgriffen und innerhalb der Kategorienbildung als wichtiges Mittel der gewählten Variablen eingesetzt wurden:

- H_1: Beiträge über ME/CFS nutzen übermäßig oft Symbolbilder oder immer gleiche Motive, die die Krankheit verharmlosen („Frau sitzt am Schreibtisch und fasst sich an den Kopf" etc.).

- H_2: Allgemein gibt es zu wenig Berichterstattung über ME/CFS (z.B. nur Randerwähnung in Long Covid-Beiträgen).
- H_3: Viele Artikel befinden sich hinter einer Bezahlschranke – Paywall verschließt relevante Informationen für die breite Masse.
- H_4: ME/CFS wird nicht als medizinisch-relevantes Thema eingestuft – Ressorteingliederung nicht Medizin/Gesundheit, sondern eher bei Gesellschaft oder Lokales verortet.
- H_5: Schlüsselbegriffe werden fehler-/mangelhaft verwendet (nur CFS oder Erschöpfungssyndrom statt ME/CFS).
- H_6: ME/CFS wird als Seltene Erkrankung bezeichnet und führt somit zur falschen Wahrnehmung in der Gesellschaft.

Anschließend wurde für die gültige Grundgesamtheit von 67 Beiträgen das Kategoriensystem (Codebuch) entwickelt. Das Codebuch sollte zunächst dazu dienen, einen allgemeinen Eindruck über die ME/CFS-Berichterstattung zu gewinnen. Anhand von formalen und SEO-bezogenen Kategorien mit neun Variablen wurde untersucht, wie viele von den 67 Treffern überhaupt explizite Aussagen zu ME/CFS treffen und ob es sich um vollwertige Artikel zum Thema handelt.

Nachdem alle Beiträge die erste Codierung durchlaufen hatten, wurde für die weitere Untersuchung im Sinne einer Teilerhebung eine weitere Stichprobe gezogen. In einer bewussten Auswahl wurden explizit nur Artikel herausgezogen, die tatsächlich ME/CFS zum Thema hatten und anhand derer auch wirklich inhaltsanalytische Aussagen zur Berichterstattung gemacht werden konnten. Aussortiert wurden unter anderem Leserbriefe, doppelte Texte, Podcastankündigungen oder Texte, in denen CFS nur als reine Randerwähnung oder in wenigen Absätzen vorkam. An dieser Stelle sei zudem erwähnt, dass es sich bei der ausgewählten Stichprobe lediglich um die Auswahl einiger Leitmedien handelt, diese jedoch nicht die allgemeine Berichterstattung in Deutschland widerspiegelt. Nachrichtenwebsites von lokalen Zeitungen oder anderen Leitmedien bieten teilweise mehr und eventuell auch eine detailliertere Berichterstattung über ein solch spezielles Thema. Rössler betont aber, dass die deutsche Medienlandschaft durch die Auswahl von Leit- und reichweitenstarken Medien durchaus so gut repräsentiert wird, „dass valide Rückschlüsse zulässig sein sollten". (Rössler 2017, S. 73).

Für die weitere Untersuchung der entstandenen Teilerhebung (n = 22) wurde ein zweites erweitertes Kategoriensystem entwickelt, das mehr auf inhaltliche und weniger auf formale Kriterien ausgerichtet war. Ziel war es, für das Untersuchungsmaterial eine zusätzliche Analysetiefe innerhalb der Texte zu erreichen. Die Kategorien und ihre Variablen wurden zum einen aus der Literaturrecherche und der Hypothesenbildung heraus gebildet und zum anderen mit bereits vorhandenem

Vorwissen sowie der Arbeit am Textmaterial. Zudem wurden die Qualitätskriterien des Medizinjournalismus herangezogen. So wurden die Texte der zweiten Stichprobe nicht nur allgemein auf inhaltliche Kriterien hin untersucht, sondern ebenso auf medizinjournalistische Qualitätskriterien, wie Lilienthal, Reineck, Schnedler und Wormer sie benennen.

5.3   Analyseergebnisse

Bereits die erste Suchanfrage machte deutlich, wie unterrepräsentiert die Krankheit in den Medien ist. Aufgrund der sehr geringen Trefferquote von 224 Beiträgen auf allen fünf Websites wurde schnell deutlich, dass die Thematik tatsächlich in nur geringem Maße aufgegriffen wird. Zudem wurde sichtbar, dass die Gesamtzahl nicht nur valide Treffer enthielt, da „CFS" auch als Abkürzung für beispielsweise „Center for Financial Studies" an der Goethe-Universität Frankfurt steht, wodurch nach zusätzlicher Prüfung nochmals 83 Beiträge ausgeschlossen werden mussten. Ausgehend von 141 übriggebliebenen Treffern zum Suchwort CFS reduzierte sich mit der zusätzlichen Eingrenzung des Untersuchungszeitraumes auf 13 Monate die Stichprobe auf 67 Beiträge. Dies bestätigte somit bereits zu Beginn der Empirie die Hypothese H_2, dass es allgemein wenig Berichterstattung über ME/CFS gibt. Zudem galt es zu prüfen, ob bei der geringen Trefferzahl die Krankheit ME/CFS als eigenständige Thematik in den Artikeln vorkommt oder ob sie nur Randerwähnung in einem Long Covid-Beitrag ist. Dafür wurden die 67 Treffer auf formale Kriterien hin untersucht, wie unter anderem auf die Beitragsart oder den Umfang der Texte. Da es sich bei knapp der Hälfte der gefundenen Beiträge tatsächlich nur um einmalige Erwähnungen oder minimale Textanteile zu ME/CFS handelte, bestätigte sich wiederholt die Behauptung der Patientenorganisationen, ME/CFS werde allgemein zu selten und in nicht ausreichendem Maße in den Medien aufgegriffen. Relevant ist im Zusammenhang mit einer solch unbekannten Krankheit zudem, dass die Informationen für die breite Öffentlichkeit zugänglich sind. 41 der 67 Beiträge befanden sich tatsächlich hinter einer Bezahlschranke und untermauerten somit die im Vorfeld gebildete Hypothese H_3 als korrekt: Wer nach CFS recherchiert, erhält nur in einem Drittel der Beiträge überhaupt den kostenfreien Zugang.

Nach Ausschluss der unzureichenden, doppelten und mangelhaften Beiträge blieben zuletzt 22 Artikel in vier der Leitmedien mit ME/CFS-Thematik übrig, die für eine tiefere Analyse herangezogen wurden. Mit der Hypothese H_4 stand die Behauptung im Raum, ME/CFS werde nicht als medizinisch-relevantes Thema eingestuft und vorrangig in Ressorts wie „Gesellschaft" oder „Lokales" eingegliedert.

Tatsächlich waren die Artikel jedoch mit 59 % überwiegend im Ressort „Gesundheit/Wissen" untergebracht und nur mit gesamt 28 % im Lokalen oder der Gesellschaft verortet, was somit der Behauptung widerspricht. Dass ME/CFS grundsätzlich als eine Seltene Erkrankung bezeichnet wird (H_6), konnte ebenfalls nicht bestätigt werden, da in 90 % der Artikel dieser Wortlaut nicht fiel. Eine falsche Wahrnehmung für die Gesellschaft, dass die Erkrankung selten sei, wurde somit in der ausgewählten Stichprobe nicht vermittelt. Weiterhin wurden die Bildmotive untersucht: In 50 % der Artikel wurden reale Fotos von Erkrankten oder Portraitfotos genutzt und in nur 23 % der Fälle Symbolbilder als Titelbilder. Somit konnte anhand der Stichprobenauswahl nicht belegt werden, dass Beiträge über ME/CFS übermäßig häufig Symbolbilder verwenden (H_1).

Es wurde mehrfach auf SEO-Kriterien hingewiesen, die für den Erfolg eines Onlinebeitrages maßgeblich sind. Aufgrund dieser Relevanz der Schlüsselbegriffe wurden gleich drei Variablen gebildet, die die Nutzung im Artikeltext und in den Überschriften nachweisen – sowohl in ihrer Nutzungshäufigkeit als auch in der Namensvielfalt. Es galt zu prüfen, welche Keywords im Text und in den Überschriften genutzt werden. Zudem wurde die Häufigkeit des Begriffes ME/CFS innerhalb der Artikeltexte untersucht. Bereits bei den Überschriften der Beiträge (Dachzeile und Hauptüberschrift) bestätigte sich die oft kritisierte Vermischung der beiden Krankheitsbilder Long Covid und ME/CFS: Obwohl in der zweiten Stichprobe vorwiegend ME/CFS-Artikel gefiltert waren, überstieg die Nutzung der Schlüsselbegriffe „Corona" und „Long Covid" bei weitem die der Keywords rund um ME/CFS. 16-mal wurden die Schlüsselbegriffe Corona bzw. Long Covid innerhalb der Überschriften verwendet. Vergleichsweise gering waren zusammengerechnet die Häufigkeiten der Nutzung von Begriffen wie ME/CFS, Fatigue-Syndrom oder chronischer Erschöpfung, die insgesamt nur achtmal verwendet wurden. An dieser Stelle muss demnach bestätigt werden, dass die Berichterstattung hier Mängel aufweist und anhand falscher Begrifflichkeiten in den Überschriften auch eine fehlerhafte Information an die Leser vermittelt wird. Während „ME/CFS" für Überschriften nur in drei Fällen verwendet wurde, fand sich der Schlüsselbegriff innerhalb der Artikeltexte immerhin in 20 der 22 Artikel wieder. Nur zwei Artikel verzichteten auf die volle Bezeichnung des Krankheitsbildes. Dieses Ergebnis würde gegen die Behauptung sprechen, dass ME/CFS zu selten als Schlüsselbegriff verwendet wird. Setzt man diese Zahl jedoch in das Verhältnis der tatsächlichen Häufigkeit der Nutzung des Wortes, zeigt sich wiederum ein anderes Bild. Es wurde weiterhin geprüft, wie oft die Bezeichnung tatsächlich innerhalb der Texte benutzt wurde: In 10 der 22 Beiträge wurde ME/CFS bis zu viermal in der vollen Bezeichnung verwendet (45 %) und in weiteren fünf Artikeln wurde das Keyword sogar mehr als elfmal (23 %) genutzt. Hier gilt es jedoch zu beachten, dass die Nutzung auch abhängig von der jeweiligen Artikellänge ist. Um eine valide Aussagekraft für die Häufigkeitsnutzung der Schlüsselwörter zu geben, wäre es nötig, dies noch weiter im Verhältnis zu den jeweiligen Artikellängen zu untersuchen, was jedoch den Umfang dieser Analyse überstieg. Zusammenfassend kann gesagt werden, dass die Schlüsselbegriffe im Volltext der Beiträge zwar immerhin deutlich öfter genutzt werden als in den Überschriften, die Verwendung insgesamt jedoch in hohem Maße als unzureichend eingestuft werden kann. Die Hypothese H_5, dass Schlüsselbegriffe fehler- und/oder mangelhaft verwendet werden, konnte somit bestätigt werden.

Um zur Beantwortung der Forschungsfrage noch mehr Analysetiefe zu erzielen, wurden die 22 Beiträge einer weiteren inhaltsanalytischen Messung unterzogen. Dafür wurden die Qualitätskriterien des Gesundheitsjournalismus genutzt. Unter anderem wurde geprüft, ob Infoboxen hinterlegt sind, die Definitionen oder erweiterte Informationen zum Krankheitsbild liefern. Zudem wurde analysiert, inwieweit die vorliegenden Artikel aus journalistischer Eigenleistung heraus entstanden waren und wie viel Recherchearbeit erkennbar war oder ob es sich beispielsweise um reine Agenturmeldungen oder Pressetexte handelte. Außerdem wurde geprüft, ob das Artikelthema bereits mit der Überschrift erkennbar war für den Leser. Im Ergebnis zeigte sich, dass es in lediglich knapp 14 % der Fälle Infoboxen gab. Was jedoch positiv zu bewerten ist, sind die journalistische Eigenleistung sowie der Informationsgehalt der Überschrift: Knapp 77 % der Texte waren gut recherchierte und redaktionell ausgearbeitete Beiträge und in knapp 86 % der Artikel war das Thema bereits in der Überschrift erkennbar. Zuletzt wurden die Sachlichkeit der Texte sowie die Verständlichkeit berücksichtigt. Angelehnt an die Ziffer 14 des Pressekodex, dass bei Berichten über medizinische Themen eine unangemessen sensationelle Darstellung zu vermeiden ist (vgl. Deutscher Presserat 2019, S. 11), wurde geprüft, ob im Text oder in der Überschrift der Beiträge eine rationale Darstellung des Geschehens stattfindet oder ob eine emotionale und/oder dramatisierende Formulierung der Nachricht bis hin zur Krankheitsübertreibung vorliegt. Zudem wurden die Texte auf eine für den Leser passende und einfache Sprache und dementsprechende Verständlichkeit hin untersucht. Anzumerken ist hier jedoch, dass sich diese Variablen nur schwer objektiv beurteilen und somit auch nur bedingt eindeutig codieren ließen. Zusammenfassend kann jedoch festgestellt werden, dass mehr als zwei Drittel der Beiträge aus der Stichprobe auf eine zu emotionale oder dramatisierende Darstellung verzichteten. Positiv zu bewerten ist weiterhin die kontinuierlich unkomplizierte Lesersprache: Alle Beiträge der Stichprobe wurden als einfach verständlich eingestuft; keiner der Texte enthielt zu viele medizinische Fachbegriffe oder unterlag einer allgemein missverständlichen Schreibe.

5.4 Forschungsfazit

„Junger Frau läuft Zeit davon – ‚Mama, ich will nicht sterben'", titelte die Frankfurter Allgemeine Zeitung am 24.12.2022 auf der Startseite ihrer Homepage. Im Artikelteaser hieß es weiter: „Die 25 Jahre alte Layla leidet an einer seltenen Krankheit. (…) Ihre Mutter kämpft für eine Blutwäsche und braucht dafür viel Geld".[1] Solche Beiträge über ME/CFS, in denen zu emotionalisierende Sprache gewählt, ME/CFS namentlich nicht genannt und stattdessen fälschlicherweise als selten bezeichnet wird, gab es in der Auswahl zum Glück nur wenige. Dieses Negativbeispiel zeigt jedoch, was sich im Allgemeinen nach der Untersuchung abzeichnete: dass die Berichterstattung über ME/CFS tatsächlich fehleranfällig ist, so wie es Erkrankte und Verbände seit vielen Jahren bemängeln. Was jedoch die Kritik des vorliegenden Textmaterials relativierte war, dass die stark erwarteten Defizite in der Qualität der Berichterstattung über ME/CFS weniger nachweisbar waren als im Vorfeld angenommen.

Um eine umfassende Aussage über die ME/CFS-Berichterstattung in Deutschland treffen zu können, war die zuletzt vorliegende Stichprobe aufgrund der starken Selektion von Zweidrittel der Beiträge jedoch viel zu gering. Der bereits zu Beginn deutliche Verlust von qualitativ hochwertigen Texten für die finale Stichprobe führte dazu, dass die Studie nur einen Bruchteil der Gesamtberichterstattung repräsentiert. Zudem machte sich schon bei der Artikelauswahl die Hauptproblematik der fehlenden Schlüsselwörter in Texten und Überschriften bemerkbar: Einige Artikel mussten in einer erweiterten Recherche händisch hinzugefügt werden, da sie über die Suchmasken auf den jeweiligen Nachrichtenseiten gar nicht erst auftauchten.

Die Schwierigkeiten, die Journalisten vor allem in Bezug auf die Gesundheitsberichterstattung von wenig erforschten und unbekannten Krankheiten haben, zeigen sich in ihrer alltäglichen Arbeit und letztlich in den Endprodukten, die für die Leser bereitgestellt werden: mit falschen Keywords, unzureichender Recherche, zu emotionalen Überschriften oder fehlenden Infoboxen.

---

[1] Maus, R. (24.12.2022): Junger Frau läuft die Zeit davon. „Mama, ich will nicht sterben". https://www.faz.net/aktuell/rhein-main/region-und-hessen/25-jaehrige-hat-seltene-erkrankung-mama-ich-will-nicht-sterben-18553904.html. Zugriff am 25.10.2025.

Handlungsempfehlung zur Berichterstattung 6

Inhaltsverzeichnis

6.1 Leitfaden

Das Ziel der Studie mit der Inhaltsanalyse über die ME/CFS-Berichterstattung bestand darin, eine Art Leitfaden mit konkreten Lösungsvorschlägen zu erarbeiten, um qualitätsgerechte Beiträge in den Medien zu fördern. Da die Berichterstattung über unbekannte Krankheiten wie ME/CFS zudem ein besonderes Maß an journalistischer Kompetenz erfordert, wurden die allgemeingültigen Qualitätskriterien für den Gesundheitsjournalismus einbezogen. Neben allgemeinen Richtlinien zur ME/CFS-Berichterstattung sind Empfehlungen zur Vorbereitung auf Interviews mit Betroffenen enthalten sowie Hinweise und Tipps zur Gesprächsführung mit ME/CFS-Erkrankten.

6.2   Kriterien für Online-Berichterstattung über ME/CFS

Die wichtigsten Kriterien für eine gute Online-Berichterstattung über die Krankheit ME/CFS fußen vor allem auf der Suchmaschinenoptimierung. Damit die Beiträge bei Google schnell gefunden werden und weit oben ranken, sollten SEO-relevante Elemente Beachtung finden. Maßgeblich ist somit die korrekte Nutzung von Begrifflichkeiten: in diesem Fall das Schlüsselwort „ME/CFS". Dieses sollte bereits in der Überschrift verwendet werden und möglichst weit linksbündig, also zu Beginn des Titels, stehen. Zudem sollte das Keyword mehrfach im Fließtext vorkommen und auch in Bildunterschriften eingebettet werden.

6.3   Allgemeine Richtlinien zur Berichterstattung über ME/CFS

Das richtige Einordnen der Krankheit ist die erste Regel, um korrekt über ME/CFS zu berichten. Das meint nichts anderes, als dass eine Einstufung als Seltene Erkrankung unterlassen werden muss und realistische Zahlen genannt werden sollten. Das gleiche gilt für die zeitliche Einordung: ME/CFS gab es schon vor der Coronapandemie und wurde bereits 1969 von der WHO als Erkrankung eingestuft.

Als allgemeine Standards zur Berichterstattung können weiterhin folgende Punkte festgelegt werden:

- Betroffenen zuhören und nicht nur über sie sprechen, sondern mit ihnen
- Komplexität der Erkrankung und Schwere der Beeinträchtigungen beschreiben
- Unterschiedliche Schweregrade abbilden und einordnen
- Symptomatik nicht auf Fatigue/Müdigkeit reduzieren, sondern postexertionelle Malaise (PEM) als Kernsymptom benennen
- Mehr tagesaktuelle Berichterstattung, nicht nur vereinzelte Patientenportraits
- Über schlechte Forschungs- und Versorgungslage berichten
- Nicht nur über das Leid der Betroffenen sprechen, sondern auch über gesamtgesellschaftliche Lage
- Auswirkungen auf den Alltag, wie bspw. Beeinträchtigungen in der Berufsfähigkeit, benennen

Orientiert an den Qualitätskriterien für Gesundheitsjournalismus gelten folgende Regeln:

- Grundlage ist die Recherche: Fakten genau checken und wissenschaftlich-fundierte Darstellung liefern
- Verständliche Lesersprache nutzen, ohne zu viele medizinische Fachbegriffe
- Bei tagesaktueller Berichterstattung möglichst Paywall vermeiden, um breiter Masse den Zugang zu relevanten Informationen zu ermöglichen
- Infoboxen einbetten
- Reißerische und zu emotionale Überschriften vermeiden
- Dinge hinterfragen, einordnen, kontextualisieren und Quellen genau prüfen
- Keine Ängste schüren oder Hoffnungen wecken
- Immer das Publikum im Blick behalten: Bilder, Detailtiefe und Wortwahl darauf abstimmen
- Forschung verstehen, Studien richtig lesen
- Möglichst mehrere Stimmen und Expertenmeinungen einholen; unabhängige Forscher miteinbinden
- Heilsgeschichten und Anpreisen von Medikamenten und Therapien vermeiden

Für die Foto- und Bildauswahl gilt:

- Passendes Bildmaterial verwenden: möglichst keine Illustrationen oder Symbolfotos
- Keine Bilder nutzen, die das Krankheitsbild auf Erschöpfung oder Müdigkeit reduzieren
- Möglichst authentische Fotos, die die Situation beschreiben und die die Krankheitsschwere darstellen: Person im Rollstuhl oder mit anderen Symboliken wie Kopfhörern oder Schlafmaske

6.4   Vorbereitung auf Interviews mit ME/CFS-Betroffenen

In Vorbereitung auf einen Interviewtermin mit ME/CFS-Erkrankten sollte sich der Interviewer eingehend mit dem Krankheitsbild und der umfassenden Symptomatik auseinandersetzen, um während des Gesprächs eine Bagatellisierung zu vermeiden. Es sollte Bezug zur Krankheitsschwere genommen und im Vorfeld abgeklärt werden, welche Art der Kommunikation mit dem Betroffenen überhaupt möglich ist.

- Schwere Fälle: Kommunikation über Text- und Sprachnachrichten im eigenen Tempo
- Mildere Fälle: vorherige Absprachen treffen über Länge des Interviews und Umstände
- Interviewfragen möglichst vorher zusenden (bei Wortfindungsstörungen Zitate nachträglich freigeben lassen)
- Abklären, ob die betreffende Person bereit ist, ihre Identität öffentlich zu machen

6.5 Interviewführung mit ME/CFS-Betroffenen

Während des Gesprächs sollte Stress für den Interviewpartner so gut es geht reduziert oder vermieden werden. Als Journalist sollte man ein hohes Maß an Flexibilität mitbringen: Alles rund um das Interview sollte auf den Schweregrad ausgerichtet sein. Dies beinhaltet folgende Dinge:

- Regelmäßiges Nachfragen, ob die Situation für den Erkrankten ok ist
- Keine schnellen Bewegungen, keine lauten Geräusche, keine Kleidung, die raschelt
- Bei Berichterstattungen, bei denen zusätzlich ein Video- oder Bildredakteur anwesend ist, gilt: so wenig Menschen vor Ort, wie nur möglich; mehr Menschen bedeuten mehr Reize und führen zu mehr Anstrengung und Stress beim Erkrankten
- Bei Lichtintoleranz: vorher abklären, welche Kamera genutzt wird; Interview eventuell im Dunkeln führen
- Bei eingeschränkter Kommunikation auch Anwesenheit der Angehörigen zulassen

Als Warnhinweis gilt: Wenn ME/CFS-Erkrankte anfangen, länger nach Wörtern zu suchen oder allgemein langsamer im Gesprächsfluss werden, sollte das Interview abgebrochen werden.

Fazit 7

Jährlich gehen rund um den 12. Mai, dem internationalen ME/CFS-Tag, Betroffene und deren Angehörige auf die Straße und machen auf die Erkrankung aufmerksam. Am 10.05.2025 fand am Washingtonplatz hinter dem Berliner Hauptbahnhof eine sogenannte Liegend-Demo statt. Dort, wo reges Treiben herrscht und mit Koffern bepackte Reisende und die arbeitende Bevölkerung hektisch über die Straße fegen, um ihren Zug zu erwischen. Ein Alltag, den ME/CFS-Erkrankte meist gar nicht mehr kennen, da sie krankheitsbedingt in ihren eigenen vier Wänden verschwinden und unsichtbar werden. Und an dieser Stelle kommen meist die Medien ins Spiel. Denn journalistische Berichterstattung hat die Macht, Krankheiten sichtbar zu machen – sowohl für die allgemeine Öffentlichkeit als auch speziell für die Politik und Forschung. Doch wenn die Medien ihrer aufklärerischen Rolle und dem Auftrag der Informationsübermittlung nicht nachkommen, scheitern sie auch an ihrer gesamtgesellschaftlichen Verantwortung.

Beim Podiumsgespräch spricht an diesem wolkigen Samstag im Mai der deutsche Journalist Martin Rücker über die ME/CFS-Berichterstattung. Er bestätigt, dass die Coronapandemie die Aufmerksamkeit für die Krankheit in den vergangenen Jahren vorangetrieben habe. Trotz der Motivation einiger Medienhäuser, dem Thema Raum zu geben, fehle es jedoch noch immer an dem nötigen Verständnis für das Krankheitsbild.

Die durchgeführte Medieninhaltsanalyse hat genau das als Resultat ebenfalls hervorgebracht: In den Artikeln wimmelt es von falschen Begrifflichkeiten, schlecht gewählten Überschriften und unsachlichen Übersetzungsversuchen. Symptome werden ungenügend oder nur oberflächlich beschrieben und tagesaktuelle Berichterstattung gibt es sowieso kaum. Doch noch kritischer als die Qualität der Beiträge, ist zuletzt fast schon der Mangel an Textmaterial anzusehen. Die Ignoranz

© Der/die Autor(en), exklusiv lizenziert an Springer Fachmedien Wiesbaden GmbH, ein Teil von Springer Nature 2026
A. Dietzke, *ME/CFS in den deutschen Medien*, essentials,
https://doi.org/10.1007/978-3-658-50566-0_7

und das Missverhältnis der ME/CFS-Berichterstattung im Vergleich zu anderen Erkrankungen spiegeln sich vor allem in der geringen Menge an gefundenen Beiträgen in den Leitmedien wider.

Während klassische Medien somit ein Stück weit an ihrer journalistischen Aufgabe scheitern, übernehmen andere die Verantwortung, dem gesellschaftlichen Desinteresse entgegen zu wirken: Die Patienten selbst sind es, die in den sozialen Medien beharrlich über ME/CFS aufklären, ebenso wie Angehörige, Ärzte, Wissenschaftler und zum Teil auch Politiker. Mit Aktionen wie der „ME/CFS Lemon Challenge" beispielsweise sorgen Unterstützer von ME/CFS-Betroffenen seit einigen Monaten für Aufsehen. Da wird in knallgelbe Zitronen gebissen, das Gesicht verzogen und direkt der nächste Kollege, Freund oder Promi nominiert. Auf einen Schlag wird eine unglaublich breite Masse erreicht – und zwar ganz ohne Bezahlschranke. Vor über zehn Jahren funktionierte so etwas bereits schon einmal. Als 2014 zahlreiche Videos der „ALS Ice Bucket Challenge" die sozialen Medien fluteten, wurde nicht nur die nötige Aufmerksamkeit für die Nervenkrankheit geschaffen, sondern es konnten auch Millionen an Spendengeldern für die Forschung eingenommen werden.

Nun also der Biss in die gelbe, saure Frucht als Kontrast zur klassischen Gesundheitsberichterstattung? Im Idealfall ergänzt sich beides. Nicht von der Hand zu weisen sind die derzeit noch vorhandenen Defizite in der deutschen Berichterstattung über ME/CFS. Es bleibt abzuwarten, inwieweit sich der Gesundheitsjournalismus in dieser Hinsicht weiterentwickelt und sich nicht nur die Qualität der Beiträge optimiert, sondern ob sich auch die Quantität steigert – mit beispielsweise tagesaktueller Berichterstattung für mehr Präsenz in der Öffentlichkeit.

Was Sie aus diesem *essential* mitnehmen können

- Nur weil eine Krankheit unsichtbar ist, ist sie noch lange nicht selten.
- Gute Keywords sind der Schlüssel für gute Texte.
- Wer über ME/CFS berichten will, muss Zeit und Verständnis für die Recherche mitbringen.
- Es kommt sowohl auf die Qualität als auch auf die Quantität an.
- Ein guter Gesundheitsjournalist spricht nicht nur über Betroffene, sondern vor allem mit ihnen.

Literatur

agof [Arbeitsgemeinschaft Onlineforschung e.V.] (01.02.2023): Reichweite der Top-10-Nachrichtenseiten in Deutschland im Dezember 2022 (in Millionen Unique User). In: Statista. https://de.statista.com/statistik/daten/studie/165258/umfrage/reichweite-der-meistbesuchten-nachrichtenwebsites/. Zugriff am 23.06.2023.

Alpar, A. / Koczy, M. / Metzen, M. (2015): SEO-Strategie, Taktik und Technik. Online-Marketing mittels effektiver Suchmaschinenoptimierung. Wiesbaden: Springer Gabler. https://doi.org/10.1007/978-3-658-02235-8.

Ammann, I. / Anetzberger, M. (2012): Verstecken, verschleiern, verschieben. Zum Umgang der Presse mit öffentlichen Rügen des Deutschen Presserates. In: Springer, N. / Raabe, J. / Haas, H. / Eichhorn, W.: Medien und Journalismus im 21. Jahrhundert: Herausforderungen für Kommunikationswissenschaft, Journalistenausbildung und Medienpraxis. Konstanz, München: UVK. S. 377–394.

Anhäuser, M. / Wormer, H. / Viciano, A. / Rögener, W. (2021): Ein modulares Modell zur Qualitätssicherung im Medizin- und Ernährungsjournalismus. In: Bundesgesundheitsblatt – Gesundheitsforschung – Gesundheitsschutz. 64. Jg., Nr. 1. S. 12–20. https://doi.org/10.1007/s00103-020-03254-0.

Bitkom e.V. (2023): Viele Deutsche recherchieren ihre Krankheits-Symptome im Internet. Pressemitteilung vom 09.01.2023. https://www.bitkom.org/Presse/Presseinformation/Deutsche-recherchieren-Symptome-Internet. Zugriff am 25.10.2025.

Bundesministerium für Gesundheit (BMG) (2022): Seltene Erkrankungen. https://www.bundesgesundheitsministerium.de/themen/praevention/gesundheitsgefahren/seltene-erkrankungen.html. Zugriff am 25.10.2025.

Deutscher Bundestag (2023): Antrag fordert Hilfe für Betroffene des chronischen Erschöpfungssyndroms. https://www.bundestag.de/dokumente/textarchiv/2023/kw03-de-me-cfs-927044. Zugriff am 25.10.2025.

Deutscher Bundestag (19.01.2023): Stenografischer Bericht, 79. Sitzung. Plenarprotokoll 20/79. S. IV.

Deutscher Presserat (2019): Publizistische Grundsätze (Pressekodex). Richtlinien für die publizistische Arbeit nach den Empfehlungen des Deutschen Presserats. https://www.presserat.de/pressekodex.html. Zugriff am 23.06.2023.

Dudenredaktion (Hrsg.) (2021): Wörterbuch medizinischer Fachbegriffe. Das Standardwerk für Laien und Fachleute. 10. Auflage. Berlin: Dudenverlag.

Dudenredaktion (Hrsg.) (2012): Wörterbuch medizinischer Fachbegriffe. Das Standardwerk für Fachleute und Laien. Der aktuelle Stand der medizinischen Terminologie. 9. Auflage. Mannheim: Dudenverlag.

Esslinger, G. D. / Schneider, W. (2015): Die Überschrift. Sachzwänge – Fallstricke – Versuchungen – Rezepte. 5. Auflage. Wiesbaden: Springer VS. https://doi.org/10.1007/978-3-658-05755-8.

Heijnk, S. (2021): Texten fürs Web: Planen, schreiben, multimedial erzählen. Das Handbuch für Online-Journalismus, Digital Storytelling und Content Marketing. 3. Auflage. Heidelberg: dpunkt.verlag.

Hoffmann, M. (2016): Die Onlinenachricht. In: Schwiesau, D. / Ohler, J.: Nachrichten – klassisch und multimedial. Wiesbaden: Springer VS. S. 185–199. https://doi.org/10.1007/978-3-658-08717-3_8.

IVW [Informationsgemeinschaft zur Feststellung der Verbreitung von Werbeträgern e.V.] (12.04.2023): Anzahl der Visits der Nachrichtenportale in Deutschland im März 2023 (in Millionen). In: Statista. https://de.statista.com/statistik/daten/studie/154154/umfrage/anzahl-der-visits-von-nachrichtenportalen/. Zugriff am 11.05.2023.

Kaiser, M. (2018): Newsroom und Newsdesk im Journalismus und in der Unternehmenskommunikation. In: Otto, K. / Köhler, A.: Crossmedialität im Journalismus und in der Unternehmenskommunikation. Wiesbaden: Springer VS. S. 121–132. https://doi.org/10.1007/978-3-658-21744-0_6.

Laquai, S. (2021): Genesen heißt nicht gesund. Chronisches Fatigue-Syndrom nach Covid-19-Erkrankung. In: physiopraxis. 19. Jg., Nr. 06. S. 30–33.

Lilienthal, V. / Reineck, D. / Schnedler, T. (2014): Einleitung. In: Lilienthal, V. / Reineck, D. / Schnedler, T.: Qualität im Gesundheitsjournalismus. Wiesbaden: Springer VS. S. 1–14.

NetMarketShare (03.02.2022): Marktanteile der Suchmaschinen weltweit nach mobiler und stationärer Nutzung im Januar 2022. In: Statista. https://de.statista.com/statistik/daten/studie/222849/umfrage/marktanteile-der-suchmaschinen-weltweit/. Zugriff am 11.05.2023.

Nielsen, J. / Loranger, H. (2006): Web usability. Deutsche Ausgabe. 1. Auflage. München: Addison Wesley.

Presse- und Informationsamt der Bundesregierung (2021): Koalitionsvertrag 2021–2025 zwischen der Sozialdemokratischen Partei Deutschlands (SPD), Bündnis 90 / Die Grünen und den Freien Demokraten (FDP): Mehr Fortschritt wagen. Bündnis für Freiheit, Gerechtigkeit und Nachhaltigkeit. S.83. https://www.bundesregierung.de/breg-de/service/gesetzesvorhaben/koalitionsvertrag-2021-1990800. Zugriff am 23.06.2023.

Pschyrembel-Redaktion (Hrsg.) (2023): Pschyrembel. Klinisches Wörterbuch. 269. Auflage. Berlin: De Gruyter.

Pürer, H. (2015): Journalismusforschung. 1. Auflage. Konstanz, München: UVK.

Raaf, U. (2022): Der SEO Planer. Suchmaschinenoptimierung in Unternehmen richtig organisieren und umsetzen (mit Checklisten). 2. Auflage. Wiesbaden: Springer Gabler. https://doi.org/10.1007/978-3-658-37686-4.

Reineck, D. / Hölig, S. (2013): Patient Gesundheitsjournalismus: Eine inhaltsanalytische Untersuchung der Qualität in überregionalen Tageszeitungen. In: Rossmann, C. / Hastall, M. R.: Medien und Gesundheitskommunikation: Befunde, Entwicklungen, Herausforderungen. 1. Auflage. Baden-Baden: Nomos. S. 19–31. doi.org/10.5771/9783845242811.

Reiter, M. (2009): Überschrift, Vorspann, Bildunterschrift. 2. Auflage. Konstanz, München: UVK.

Reith, S. (2018): ME/CFS erkennen und verstehen. Was wir wissen - und was wir nicht wissen über das Chronische Erschöpfungs-Syndrom. 1. Auflage. Hamburg: tredition.

Renner, K. N. (2013): Journalistische Wirklichkeitserzählungen und fotografische Bilder. DIEGESIS, 2. Jg., Nr. 2. S. 33–50. https://www.diegesis.uni-wuppertal.de/index.php/diegesis/article/view/140. Zugriff am 23.06.2023.

Renz-Polster, H. / Scheibenbogen, C. (2022): Post-COVID-Syndrom mit Fatigue und Belastungsintoleranz: Myalgische Enzephalomyelitis bzw. Chronisches Fatigue-Syndrom. In: Die Innere Medizin. 63. Jg., Nr. 8. S. 830–839. https://doi.org/10.1007/s00108-022-01369-x.

Rössler, P. (2017): Inhaltsanalyse. 3., völlig überarbeitete Auflage. Konstanz, München: UVK.

Rossmann, C. / Hastall, M. R. / Baumann, E. (2014): Kommunikationswissenschaftliche Grundlagen der Gesundheitskommunikation. In: Hurrelmann, K. / Baumann, E.: Handbuch Gesundheitskommunikation. 1. Auflage. Bern: Verlag Hans Huber. S. 81–94.

Ruhrmann, G. / Guenther, L. (2019): Medizin- und Gesundheitsjournalismus. In: Rossmann, C. / Hastall, M. R.: Handbuch der Gesundheitskommunikation. Kommunikationswissenschaftliche Perspektiven. Wiesbaden: Springer VS. S. 69–79. https://doi.org/10.1007/978-3-658-10727-7.

Ruß-Mohl, S. (1994): Der I-Faktor: Qualitätssicherung im amerikanischen Journalismus - Modell für Europa? Zürich: Edition Interfrom.

Scherer, H. / Link, E. (2019): Gesundheitsthemen in den Medien. In: Rossmann, C. / Hastall, M. R.: Handbuch der Gesundheitskommunikation. Kommunikationswissenschaftliche Perspektiven. Wiesbaden: Springer VS. S. 147–158. https://doi.org/10.1007/978-3-658-10727-7.

Scherr, S. (2014): Gesundheit in den Medien und die Bedeutung von Medieninhalten für die Gesundheit. In: Hurrelmann, K. / Baumann, E.: Handbuch Gesundheitskommunikation. 1. Auflage. Bern: Verlag Hans Huber. S. 239–252.

Schicha, C. (2019): Medienethik. Wiesbaden: Springer VS.

Schilling, H. (2014): Wenn die Presse Ängste schürt oder Hoffnungen weckt. Erfahrungen des Deutschen Presserates mit dem Gesundheitsjournalismus. In: Lilienthal, V. / Reineck, D. / Schnedler, T.: Qualität im Gesundheitsjournalismus. Wiesbaden: Springer VS. S. 349–364.

Schuhmayer, W. A. (2016): Chronisches Fatigue-Syndrom. Chronisches Erschöpfungssyndrom. Systemische Belastungs-Intoleranz-Erkrankung. 1. Auflage. Wien: Verlagshaus der Ärzte.

Serong, J. / Lang, B. / Wormer, H. (2019): Wissenschaftskommunikation im Gesundheitsbereich. Vom Medienwandel zum Fachmedienwandel. In: Rossmann, C. / Hastall, M. R.: Handbuch der Gesundheitskommunikation. Kommunikationswissenschaftliche Perspektiven. Wiesbaden: Springer VS. S. 81–92. https://doi.org/10.1007/978-3-658-10727-7.

Strienz, J. (2022): CFS - Chronic Fatigue Syndrome. Verstehen - Ursachen behandeln - Beschwerdefrei leben. 4. Auflage. München: Zuckschwerdt.

Tekal, R. (2018): NebenWirkungen. Über Halbgötter mit heruntergezogener Hose und andere Gesundheitsrisiken. 1. Auflage. Berlin: Springer. https://doi.org/10.1007/978-3-662-57279-5.

Weiland, F. (2014): Qualitätssicherung redaktioneller und nutzergenerierter Inhalte – Erfahrungen eines Gesundheitsportals. In: Lilienthal, V. / Reineck, D. / Schnedler, T.: Qualität im Gesundheitsjournalismus. Wiesbaden: Springer VS. S. 389–398.

Winkler, N. / Meier, G. (2022): Das Monster danach. Die neue, alte Volkskrankheit ME/CFS. Was sie mit uns macht, warum sie so viele Covid-Genesene trifft, und was wir tun können. 1. Auflage. Vachendorf: Nova MD.

Wormer, H. (2014): Medizin- und Gesundheitsjournalismus. In: Hurrelmann, K. / Baumann, E.: Handbuch Gesundheitskommunikation. 1. Auflage. Bern: Verlag Hans Huber. S. 195–213.

Wormer, H. (2022): Von der Wissenschaftskommunikation zur evidenzbasierten Information. In: Aus Politik und Zeitgeschichte (APuZ), 72 (2022), Heft 26/27. Wissenschaft, Öffentlichkeit, Demokratie. S. 42–48.

Wormer, H. / Anhäuser, M. (2014): „Gute Besserung!" – und wie man diese erreichen könnte. Erfahrungen aus drei Jahren Qualitätsmonitoring Medizinjournalismus auf medien-doktor. de und Konsequenzen für die journalistische Praxis, Ausbildung sowie Wissenschafts-PR. In: Lilienthal, V. / Reineck, D. / Schnedler, T.: Qualität im Gesundheitsjournalismus. Wiesbaden: Springer VS. S. 17–38.

Wormer, H. / Karberg, S. (2019): Wissen: Basiswissen für die Medienpraxis. 1. Auflage. Köln: Halem.

Zimmermann, T. (2014): „Garbage in – garbage out " – wenn die journalistischen Quellen vergiftet sind. In: Lilienthal, V. / Reineck, D. / Schnedler, T.: Qualität im Gesundheitsjournalismus. Wiesbaden: Springer VS. S. 327–348.